Don Miguel **Ruiz**
Janet **Mills**

LA MAÎTRISE DE *L'AMOUR*

Apprendre l'**art des relations**

Traduit de l'américain
par Olivier Clerc

Du même auteur aux Éditions Jouvence
Les Quatre Accords toltèques
S'ouvrir à l'amour et au bonheur
Pratique de la voie toltèque

Dans la même collection aux Éditions Jouvence
Ne marche pas si tu peux danser, Dr Anne van Stappen
Au diable la culpabilité !, Yves Alexandre Thalmann
La Liberté, Osho

Catalogue gratuit sur simple demande

ÉDITIONS JOUVENCE
France : BP 90107 – 74161 Saint-Julien-en-Genevois Cedex
Suisse : Route de Florissant 97 – 1206 Genève
Site Internet : www.editions-jouvence.com
Mail : info@editions-jouvence.com

Titre original : *The mastery of love*
© 1999, Miguel Angel Ruiz, M.D., Amber-Allen Publishing, Inc.
© Éditions Jouvence, 1999, pour la version française
© Éditions Jouvence, 2009, pour la version poche
© Éditions Jouvence, 2017 pour la présente édition
ISBN : 978-2-88911-816-8

Collection *Le Cercle de Vie* dirigée par Maud Séjournant
Couverture : Dynamic 19, Thonon-les-Bains (74)
Composition : Nelly Irniger, Fillinges (74)

Tous droits de reproduction, traduction et adaptation réservés pour tous pays.

Sommaire

Remerciements 6

Les Toltèques 7

Introduction : le Maître 9

1 • L'esprit blessé 13

2 • La perte de l'innocence 29

3 • L'homme qui ne croyait pas à l'amour...... 45

4 • La voie de l'amour, la voie de la peur 55

5 • La relation parfaite 69

6 • La cuisine magique 83

7 • Le maître du rêve 93

8 • Le sexe : le plus grand démon de l'enfer. . . 103

9 • La chasseresse divine 113

10 • Voir avec les yeux de l'amour 123

11 • Guérir le corps émotionnel 135

12 • Dieu en vous 151

13 • Prières 165

Le Cercle de Vie : une collection pour nous permettre d'aller au centre de nous-mêmes 174

*À mes parents, mes enfants, mes frères et sœurs,
et le reste de ma famille,
auxquels je suis uni non seulement par l'amour,
mais par le sang et par nos racines ancestrales.*

*À ma famille spirituelle,
à laquelle je suis uni par notre décision
de créer une famille fondée sur
l'amour inconditionnel,
le respect mutuel et la pratique
de la Maîtrise de l'Amour.*

*Et à ma famille humaine,
dont les esprits sont fertiles pour
les semences d'amour contenues dans ce livre.*

*Que ces semences d'amour
mûrissent dans vos vies.*

Remerciements

J'exprime ma gratitude à Janet Mills qui, telle une mère pour son enfant, a donné forme à ce livre avec tout son amour et tout son engagement.

Je voudrais aussi remercier ceux qui ont donné de leur temps et de leur amour et qui m'ont aidé à réaliser ce livre.

Enfin, je veux exprimer ma gratitude à notre Créateur pour l'inspiration et la beauté qui a donné Vie à ce livre.

Les Toltèques

Il y a des milliers d'années, à travers tout le Sud du Mexique, les Toltèques étaient connus comme des « *femmes et hommes de connaissance* ». Les anthropologues les ont décrits comme une nation ou une race, mais en réalité, ils étaient des scientifiques et des artistes formant une société vouée à explorer et à préserver la connaissance spirituelle et les pratiques des anciens. Maîtres (naguals) et étudiants se réunissaient à Teotihuacan, l'ancienne cité des pyramides située au-delà de Mexico City, connue comme le lieu où « *l'Homme devient Dieu* ».

Au fil des millénaires, les naguals ont été contraints de dissimuler la sagesse ancestrale et de la garder dans l'ombre. La conquête européenne, couplée à l'abus de pouvoir personnel de quelques apprentis, rendit nécessaire de protéger la connaissance de ceux qui n'étaient pas préparés à l'utiliser avec discernement ou qui risquaient d'en user de manière abusive, à des fins personnelles.

Fort heureusement, la connaissance ésotérique des Toltèques s'est transmise et incarnée au fil des générations à travers diverses lignées de naguals. Bien qu'elle soit restée secrète durant des centaines d'années, les prophéties anciennes avaient annoncé la venue d'un âge pendant lequel il serait nécessaire de redonner la sagesse au peuple. Aujourd'hui, don Miguel Ruiz, nagual de la lignée des Chevaliers de l'Aigle, a été instruit pour partager avec nous les enseignements profonds des Toltèques.

La connaissance toltèque émerge de la même unité de vérité que les traditions ésotériques du monde entier. Bien qu'elle ne soit pas une religion, elle honore tous les maîtres spirituels qui ont enseigné sur terre. Bien qu'elle comprenne une dimension spirituelle, il s'agit davantage d'un mode de vie qui offre l'accès au bonheur et à l'amour.

Un Toltèque est un artiste de l'Amour,
un artiste de l'Esprit,
quelqu'un qui crée à chaque instant,
chaque seconde, la plus belle œuvre d'art –
l'Art du Rêve.

La Vie n'est qu'un rêve,
et si nous sommes des artistes,
nous pouvons alors créer notre vie avec Amour,
et notre rêve devient
un chef-d'œuvre artistique.

Introduction

Le Maître

Il était une fois un Maître qui parlait à une foule. Son message était si merveilleux que chacun se sentait touché par ses paroles d'amour. Dans la foule se trouvait un homme qui avait écouté chacune de ses paroles. Cet homme était très humble et avait un grand cœur. Il était à ce point touché par les propos du Maître qu'il ressentit le besoin de l'inviter dans sa demeure.

Lorsque le Maître eut fini de parler, l'homme traversa la foule jusqu'à lui, le regarda dans les yeux et lui dit : « *Je sais que vous êtes très occupé et que tout le monde désire votre attention. Je sais que vous avez à peine le temps de m'écouter. Mais mon cœur est tellement* ouvert et je ressens tellement d'amour pour vous que je désire vous inviter chez moi. Je souhaite vous préparer le meilleur des repas. Je ne pense pas que vous acceptiez, mais il fallait quand même que je vous le dise. »

Le Maître regarda l'homme dans les yeux et, arborant le plus beau sourire, lui dit : « *Prépare tout. Je serai là.* » Puis, il s'en alla.

À ces mots, une joie intense emplit le cœur de l'homme. Il était impatient de pouvoir servir le Maître et de lui exprimer son amour. Ce serait le jour le plus important de sa vie : le Maître sera avec lui. Il acheta la nourriture la plus savoureuse, le meilleur vin et trouva les plus beaux habits à offrir au Maître. Il rangea toute sa maison, prépara le plus merveilleux repas et dressa une table magnifique. Son cœur débordait de joie, car le Maître serait bientôt là.

L'homme attendait avec impatience lorsqu'on frappa à la porte. Tout fébrile, il alla ouvrir, mais au lieu du Maître, il découvrit une vieille dame. Celle-ci le regarda dans les yeux et lui dit : « *Je meurs de faim. Peux-tu me donner un morceau de pain ?* »

L'homme était un peu déçu que ce ne soit pas le Maître. Il regarda la femme et lui répondit : « *Je vous en prie, entrez dans ma maison.* » Il la fit s'asseoir à la place qu'il avait préparée pour le Maître et lui donna la nourriture qu'il lui destinait. Mais il était impatient et pressé qu'elle ait fini de manger. La vieille femme fut touchée de sa générosité. Elle le remercia et partit.

À peine l'homme avait-il à nouveau dressé la table pour le Maître qu'on frappa une nouvelle fois à la porte. Cette fois-ci, c'était un étranger qui venait de traverser le désert. Il regarda l'homme dans les yeux et lui dit : « *J'ai soif. As-tu quelque chose à me donner à boire ?* »

À nouveau, l'homme était un peu déçu que ce ne soit pas le Maître. Mais il invita l'étranger chez lui, l'installa à la place préparée pour le Maître et lui servit le vin qu'il avait destiné à ce dernier. Lorsque l'étranger fut parti, il remit tout en ordre pour la venue du Maître.

On frappa de nouveau et en ouvrant, l'homme vit un petit enfant. Celui-ci le regarda et lui dit : « *J'ai froid. As-tu des habits pour me couvrir ?* »

L'homme était un peu déçu car ce n'était toujours pas le Maître, mais il regarda l'enfant dans les yeux et sentit l'amour emplir son cœur. Il ramassa rapidement les vêtements qu'il voulait donner au Maître et en revêtit l'enfant. Celui-ci le remercia et partit.

Une fois encore, l'homme prépara tout pour le Maître, puis attendit patiemment jusque tard dans la nuit. Lorsqu'il réalisa que le Maître ne viendrait pas, il fut déçu, mais il lui pardonna instantanément et se dit : « *Je savais que je ne pouvais m'attendre à ce que le Maître visite mon humble demeure. Bien qu'il ait dit qu'il viendrait, sans doute quelque chose de plus important l'a retenu ailleurs. Il n'est pas venu, mais au moins il m'a dit qu'il le ferait, et cela suffit à rendre mon cœur heureux.* »

Il rangea tranquillement la nourriture et le vin, puis alla se coucher. La nuit même, il rêva que le

Maître se rendait chez lui. L'homme était heureux de le voir, mais il ne savait pas qu'il rêvait. « *Maître, vous êtes venu ! Vous avez tenu parole.* » Le Maître lui répondit : « *Oui, je suis là, mais je suis déjà venu avant. J'avais faim et tu m'as rassasié. J'avais soif et tu m'as donné ton vin. J'avais froid et tu m'as donné des vêtements. Quoi que tu fasses pour autrui, tu le fais pour moi.* »

L'homme se réveilla : son cœur débordait d'allégresse parce qu'il avait compris le message du Maître. Ce dernier l'aimait tant qu'il avait envoyé trois personnes pour lui donner la plus grande des leçons : le Maître vit en chacun. Lorsque vous nourrissez celui qui a faim, que vous abreuvez celui qui a soif ou que vous réchauffez celui qui a froid, vous exprimez votre amour au Maître.

1

L'esprit blessé

Peut-être n'y avez-vous jamais songé, mais à un niveau ou un autre, nous sommes tous des maîtres. Nous sommes des maîtres, car nous avons le pouvoir de créer nos vies et de les diriger.

De même que les sociétés et les religions du monde entier ont créé des mythologies incroyables, nous aussi, nous créons les nôtres. Notre mythologie personnelle est peuplée de héros et de méchants, d'anges et de démons, de rois et de roturiers. Ainsi, nous créons toute une population dans notre esprit, avec de multiples personnalités. Puis nous maîtrisons les images de nous que nous utiliserons dans telle ou telle circonstance. Nous devenons experts dans l'art de faire semblant et de projeter nos images et ainsi, nous maîtrisons ce que nous croyons être. Lorsque nous rencontrons quelqu'un, nous le classons immédiatement et nous lui assignons un rôle dans notre vie. Nous créons une image pour chaque personne, selon ce que nous croyons qu'elle est. Et nous faisons cela pour toutes les personnes et toutes les choses qui nous entourent.

Vous avez le pouvoir de créer. Ce pouvoir est si fort que tout ce que vous croyez se réalise. Vous vous créez vous-même tel que vous croyez être. Vous êtes comme vous êtes, parce que c'est ce que vous croyez à propos de vous-même. Toute votre réalité, tout ce que vous croyez est votre propre création. Vous avez le même pouvoir que n'importe quel autre humain au monde. La principale différence qu'il y a entre vous et quelqu'un d'autre est la façon d'utiliser votre pouvoir, de créer avec lui. Il se peut que vous ressembliez à d'autres individus en de nombreux points, mais aucune personne au monde ne vit sa vie comme vous vivez la vôtre.

Vous vous êtes entraîné toute votre vie à être ce que vous êtes et vous le faites si bien que vous maîtrisez qui vous croyez être. Vous êtes maître de votre propre personnalité, de vos propres croyances ; vous maîtrisez chacune de vos actions, chacune de vos réactions. Vous vous êtes exercé pendant des années et vous avez ainsi atteint le niveau de maîtrise nécessaire pour être qui vous croyez être. Dès que l'on parvient à voir qu'on est tous des maîtres, on peut découvrir quel type de maîtrise on possède.

Exemple : enfant, lorsqu'on a un problème avec quelqu'un, on se met en colère. Pour une raison ou une autre, cette colère fait disparaître le problème ; on a donc obtenu le résultat voulu. Si la même chose se répète une deuxième fois, on y réagit une nouvelle fois par la colère et désormais, on sait qu'en s'énervant, on parvient à écarter le problème. Puis, on s'entraîne encore et toujours, jusqu'à devenir un maître de la colère.

De la même façon, nous devenons des maîtres de la jalousie, de la tristesse, du rejet de soi. Tout notre drame et toute notre souffrance sont le fruit de notre entraînement. On conclut un accord[1] avec soi-même, puis on pratique cet accord jusqu'à ce qu'on le maîtrise. La manière dont nous pensons, sentons et agissons est si routinière que nous n'avons plus besoin de faire attention à ce que nous faisons. Ce n'est qu'un processus d'action/ réaction qui nous fait agir ainsi.

Pour devenir un maître de l'amour, on doit s'exercer à l'amour. L'art des relations est toute une maîtrise qui ne s'atteint que par l'entraînement. La maîtrise des relations passe donc par l'action. Il ne s'agit ni de concepts, ni d'atteindre la connaissance. Il s'agit d'action. Bien entendu, il nous faut quelques connaissances pour agir ou, du moins, une

---

[1] Cf. *Les quatre accords toltèques*, du même auteur aux Éditions Jouvence, 1999.

meilleure conscience de la façon dont fonctionnent les humains.

J'aimerais que vous vous imaginiez vivre sur une planète où tout le monde est atteint d'une maladie de peau. Depuis deux ou trois mille ans, tous ses habitants souffrent de la même maladie : leurs corps sont entièrement couverts de plaies infectées, très douloureuses au toucher. Bien entendu, tout le monde pense qu'il s'agit là de la physiologie normale de la peau. Même les livres de médecine décrivent cette maladie comme un état normal. À la naissance, les enfants ont une peau saine, mais dès l'âge de trois ou quatre ans, les premières plaies font leur apparition. Parvenus à l'adolescence, leurs corps entiers en sont couverts.

Pouvez-vous imaginer comment ces personnes se traiteront les unes les autres ? Pour interagir avec autrui, elles doivent protéger leurs plaies. Elles ne touchent pour ainsi dire jamais leur peau, parce que c'est trop douloureux. Si, par accident, vous touchez la peau de quelqu'un, ça lui fait tellement mal qu'il se met en colère et touche à son tour la vôtre, pour vous rendre la pareille. Pourtant, l'instinct d'aimer est si puissant que vous êtes prêt à payer le prix fort afin d'avoir, malgré tout, des relations avec autrui.

Bon, imaginons maintenant qu'un miracle se produise un jour. Vous vous réveillez et votre peau est totalement guérie. Vous n'avez plus aucune plaie et ça ne vous fait plus mal d'être touché. Une peau saine procure une sensation merveilleuse lorsqu'on la touche, parce qu'elle est justement faite pour recevoir des perceptions. Pouvez-vous vous imaginer doté d'une peau saine dans un monde où tous les êtres souffrent de la même pathologie cutanée ? Vous ne pouvez pas toucher les autres parce que ça leur fait mal, et personne ne vous touche, de peur de vous faire aussi mal.

Si vous parvenez à imaginer cela, peut-être pourrez-vous aussi visualiser qu'un visiteur d'une autre planète ferait la même expérience avec les humains. Sauf que ce n'est pas notre peau qui est couverte de plaies. Ce visiteur de l'espace découvrirait que c'est l'esprit humain qui souffre d'une maladie qu'on appelle la peur. Tout comme j'ai décrit l'état infecté de la peau de ces habitants imaginaires, notre corps émotionnel est couvert de plaies et celles-ci sont infectées de poison émotionnel. Les manifestations de cette maladie de la peur sont la colère, la haine, la tristesse, la jalousie et l'hypocrisie ; le résultat de cette pathologie est donc l'ensemble des émotions qui font souffrir l'humanité.

Tous les humains souffrent de la même maladie psychique. On peut même dire que ce monde est un asile psychiatrique. Mais cette maladie mentale étant présente depuis des millénaires, les livres de médecine, de psychiatrie et de psychologie décrivent cet état comme normal. Eux le considèrent comme normal, mais je peux vous assurer que ça ne l'est pas.

Lorsque la peur devient trop importante, la raison commence à faiblir et ne peut plus supporter toutes ces plaies et ce poison. Les livres de psycho-

logie parlent alors de maladies mentales : schizo-
phrénie, paranoïa, psychose. Toutes ces maladies
surviennent parce que la raison a tellement peur et
les plaies sont si douloureuses qu'il est préférable de
couper tout contact avec le monde extérieur.

Les humains vivent dans la peur permanente
d'être blessés, ce qui crée un drame perpétuel, où
qu'ils aillent. Les relations qu'ils établissent entre
eux sont si douloureuses, émotionnellement parlant, qu'ils se mettent en colère, sont jaloux, envieux
ou tristes sans raison apparente. Même dire « *Je
t'aime* » leur fait peur. Et pourtant, même s'il est
douloureux et effrayant d'établir des relations émotionnelles, nous continuons à en développer malgré
tout, nous nous marions et faisons des enfants.

Pour se protéger de leurs plaies émotionnelles et
de peur d'être blessés, les humains ont créé quelque
chose de très sophistiqué dans leur tête : un grand
système de déni. Celui-ci fait de nous de parfaits men-
teurs. Nous mentons si bien que nous nous mentons
à nous-mêmes et croyons même nos propres mensonges. Nous ne remarquons plus que nous mentons
et, parfois même quand nous le savons, nous justi-
fions ces mensonges et nous les excusons afin de nous
protéger de la douleur provoquée par nos plaies.

Ce système de déni ressemble à un mur de brouillard qui serait constamment devant nos yeux, nous
rendant aveugle à la vérité. Nous portons un masque
social parce qu'il est trop douloureux de nous voir
nous-mêmes et de laisser les autres voir qui nous
sommes vraiment. Et le système de déni nous per-

met de prétendre que tout le monde croit au masque que nous présentons de nous. Nous construisons des remparts pour nous protéger, pour tenir les autres à distance, mais ceux-ci nous retiennent aussi à l'intérieur, limitant notre liberté. Les humains se couvrent et se protègent, et lorsque quelqu'un dit « *Vous me mettez dans tous mes états* », ce n'est pas véritablement vrai. Ce qui est vrai, c'est que vous avez touché une plaie sur son corps émotionnel et qu'il réagit à la douleur.

Quand vous prenez conscience que tout autour de vous, chacun a des plaies infectées de poison émotionnel, vous comprenez facilement les relations qu'établissent les humains dans ce que les Toltèques nomment le *Rêve de l'enfer*. Dans une perspective toltèque, tout ce que nous croyons à propos de nous-mêmes et tout ce que nous savons sur le monde est un rêve.

Si vous regardez la description de l'enfer telle qu'elle est formulée par n'importe quelle religion, vous verrez qu'elle est identique à notre société humaine, à la façon dont nous rêvons collectivement. L'enfer est un lieu où l'on souffre, où règne la peur, un lieu de guerre, de violence et de jugement dépourvu de justice, un lieu de punition sans fin. On n'y voit que des humains dressés contre d'autres humains, au milieu d'une jungle de prédateurs ; des gens pleins de jugements, de reproches, de culpabilité, de poison émotionnel : l'envie, la colère, la haine, la tristesse, la souffrance. Nous créons tous ces petits monstres dans nos esprits parce que nous avons appris à rêver l'enfer dans notre existence.

Chacun d'entre nous crée son rêve personnel pour lui-même, mais les êtres humains nous ayant précédés ont créé un grand rêve extérieur, le Rêve de la société humaine. Le Rêve extérieur, ou Rêve de la Planète, est le rêve collectif de milliards de rêveurs. Celui-ci comprend toutes les règles de la société, ses lois, ses religions, ses différentes cultures et ses façons d'être. Toutes ces informations stockées dans notre esprit sont comme des milliers de voix qui nous parlent toutes en même temps. Les Toltèques appellent cela le *mitote*.

Notre soi réel est pur amour ; nous sommes la Vie. Notre vrai soi n'a rien à voir avec le Rêve, mais le mitote nous empêche de voir qui nous sommes vraiment. Lorsque vous voyez le Rêve sous cet angle et que vous avez conscience de qui vous êtes, vous voyez l'absurdité du comportement humain et cela devient alors amusant. Ce qui, pour tous les autres, est tout un drame devient pour vous une comédie. Vous voyez les humains souffrir pour des choses sans importance, qui ne sont même pas réelles. Mais au départ, vous n'avez pas le choix. Nous sommes nés dans cette société, nous grandissons en elle et nous apprenons à être comme tous les autres, agissant de façon absurde en permanence, avec un esprit de compétition dépourvu de sens.

Imaginez que vous puissiez visiter une planète où tout le monde a un corps émotionnel différent.

Leur façon d'interagir est toujours joyeuse, toujours empreinte d'amour et de paix. Puis, imaginez qu'un jour, vous vous réveilliez sur *cette* planète-ci sans plaies sur votre corps émotionnel. Quoi que les gens puissent dire de vous, quoi qu'ils puissent faire, vous n'en faites pas une affaire personnelle[2] et ça ne vous fait plus mal. Vous n'avez plus besoin de vous protéger. Vous n'avez plus peur d'aimer, de partager, d'ouvrir votre cœur. Mais personne n'est comme vous. Quelles relations pouvez-vous établir avec des gens qui sont blessés dans leurs émotions et malades de la peur ?

Lorsqu'il naît, l'être humain a un corps mental, émotionnel, totalement sain. À l'âge de trois ou quatre ans environ, les premières plaies font leur apparition et s'infectent de poison émotionnel. Mais si vous observez des enfants de deux ou trois ans, si vous regardez comment ils se comportent, vous verrez qu'ils jouent en permanence. Vous les voyez rire tout le temps. Leur imagination est puissante et leur façon de rêver est celle d'aventuriers explorateurs. Lorsque quelque chose ne va pas, ils y réagissent et se défendent, mais ensuite, ils n'y pensent plus et leur attention est à nouveau dans l'instant présent, prête à jouer à nouveau, à explorer et à s'amuser. Ils vivent dans le présent. Ils n'ont pas honte du

---

[2] « *Quoi qu'il arrive, n'en faites pas une affaire personnelle* » est le deuxième des quatre accords toltèques (NdT).

passé ; ils n'ont pas peur de l'avenir. Les petits enfants expriment ce qu'ils ressentent et n'ont pas peur d'aimer.

Les moments les plus heureux de notre existence sont ceux durant lesquels nous jouons comme des enfants, nous chantons et dansons, nous explorons et créons, juste pour le plaisir. C'est merveilleux de se comporter comme un enfant, parce que c'est l'état normal de l'esprit humain, c'est la tendance humaine naturelle. Enfants, nous sommes innocents et il est normal que nous exprimions notre amour. Mais que nous est-il arrivé par la suite ? Qu'est-il arrivé au monde entier ?

Il arrive que, quand nous sommes encore des enfants, les adultes soient déjà atteints de maladie mentale, hautement contagieuse. Comment nous la transmettent-ils ? Ils « *captent notre attention* » et nous apprennent à être comme eux. C'est ainsi que nous aussi, nous transmettons notre maladie à nos enfants, et c'est ainsi que nos parents, nos professeurs, nos frères et sœurs aînés et toute cette société de malades nous ont infectés avec cette maladie. Ils ont capté notre attention et mis certaines informations dans notre esprit, à force de répétitions. Voilà comment nous avons appris. Voilà comment nous programmons l'esprit humain.

Le problème, c'est le programme, cette information stockée en nous. En captant leur attention, on enseigne aux enfants une langue, puis la façon de lire, de se comporter, de rêver. On domestique les humains exactement comme des chiens ou d'autres animaux : à coup de punitions et de récompenses. Tout cela est parfaitement normal. Ce qu'on nomme « *éducation* » n'est rien d'autre que la domestication de l'esprit humain.

On a donc peur d'être puni, mais ensuite, on a également peur de ne pas être récompensé, de ne pas être à la hauteur aux yeux de son papa et de sa maman, de ses frères et sœurs ou de ses professeurs. Le besoin d'être accepté est né. Auparavant, peu nous importait d'être acceptés ou non ; les opinions des gens ne nous influençaient pas. Elles ne nous affectaient pas parce que nous ne voulions que jouer et vivre dans le présent.

La peur de ne pas être récompensé devient à son tour la peur d'être rejeté. La peur de ne pas être à la hauteur aux yeux d'untel nous pousse à vouloir changer, ce qui nous conduit à nous fabriquer une image. Puis on essaie de projeter cette image, fondée sur ce que l'on attend de nous, simplement pour être accepté, pour obtenir notre récompense.

On apprend à faire semblant d'être qui l'on n'est pas, on s'entraîne à être quelqu'un d'autre, afin de plaire à papa, maman, l'instituteur, le prêtre, etc. On s'exerce encore et encore, jusqu'à devenir maître de comment être qui l'on n'est pas.

Puis nous finissons par oublier qui nous sommes vraiment et nous nous mettons à vivre nos images. Nous n'en créons pas seulement une, mais de nombreuses, différentes, selon les groupes de personnes avec lesquelles nous nous trouvons. Nous avons donc une image à la maison, une à l'école, puis de nombreuses autres à mesure que nous grandissons.

La même chose est aussi vraie au niveau d'une relation entre un homme et une femme. La femme possède une image extérieure d'elle-même, qu'elle essaie de projeter sur les autres ; mais lorsqu'elle est seule, elle en a une autre. L'homme aussi possède une image extérieure et une image intérieure. À l'âge adulte, l'image extérieure et l'image intérieure sont si différentes qu'elles ne se correspondent presque plus. Donc, dans une relation entre un homme et une femme, il existe au moins quatre images. Dès lors, comment peuvent-ils se connaître l'un l'autre ? C'est impossible. Ils ne peuvent qu'essayer de comprendre l'image de l'autre. Et d'autres images doivent aussi être prises en compte.

Lorsqu'un homme rencontre une femme, il crée une image d'elle, de son point de vue à lui, et la femme en crée une de lui, de son point de vue à elle. Puis l'homme essaie de faire en sorte que la femme corresponde à l'image qu'il s'en est faite et elle agit de même pour l'image qu'elle s'est créée de lui. Il y a donc désormais six images entre eux deux. Bien entendu, ils se mentent l'un l'autre même s'ils n'en sont pas conscients. Leur relation est construite sur la peur ; elle est fondée sur le mensonge. Elle n'est pas basée sur la vérité, parce qu'ils ne parviennent pas à voir à travers tout ce brouillard.

Durant la période où nous sommes encore de petits enfants, il n'existe pas de conflits avec nos images. Elles ne sont pas remises en question avant de commencer à interagir avec le monde extérieur, sans la protection de nos parents. Voilà pourquoi l'adolescence est une période si difficile à vivre. Même si nous sommes préparés à soutenir et à défendre nos images, dès que nous essayons de les projeter sur le monde extérieur, celui-ci réplique violemment. Il cherche à nous prouver, non seulement en privé, mais aussi en public, que nous ne sommes pas qui nous prétendons être.

Prenons l'exemple d'un adolescent qui prétend être très intelligent. Il participe à un débat à l'école, au cours duquel quelqu'un de plus intelligent et de mieux préparé gagne cette discussion et le ridiculise aux yeux de tout le monde. Cet adolescent tentera alors d'expliquer, d'excuser et de justifier son image aux yeux de ses pairs. Il sera très gentil avec tout le monde et s'efforcera de sauver son image auprès d'eux. Mais au fond de lui, il saura qu'il ment. Bien sûr, il fera de son mieux pour ne pas craquer devant eux, mais, dès qu'il sera seul et se verra dans un miroir, il aura envie de briser son reflet. Il se détestera ; il se sentira stupide et croira être le dernier des derniers. Il y aura désormais un gouffre entre son image intérieure et celle qu'il essaiera de projeter sur le monde extérieur. Plus le gouffre sera grand, plus l'adaptation au rêve de la société sera difficile et moins il s'aimera.

Entre l'image de ce qu'il prétend être et l'image intérieure qu'il se fait de lui quand il est seul, il y a de plus en plus de mensonges. Ces deux images sont complètement coupées de la réalité ; elles sont fausses, mais il l'ignore. Peut-être que quelqu'un d'autre le constate, mais lui y est complètement aveugle. Son système de déni s'efforce de protéger ses plaies, mais celles-ci sont bien réelles et il souffre parce qu'il tente désespérément de défendre une image.

Lorsque nous sommes enfants, nous apprenons que les opinions de chacun sont importantes et nous menons nos vies en accord avec elles. L'opinion d'autrui peut nous plonger dans un enfer encore plus profond même si elle n'est pas vraie : « *Tu as l'air moche. Tu as tort. Tu es idiot(e).* » Les opinions ont beaucoup de pouvoir sur le comportement absurde des gens qui vivent en enfer. Voilà pourquoi nous avons besoin d'entendre que nous sommes bons, que nous nous débrouillons bien, que nous sommes beaux : « *Comment me trouves-tu ? Tu as aimé ce que j'ai dit ? Comment je m'en sors ?* »

Nous avons besoin d'entendre les opinions des autres parce que nous sommes domestiqués et que nous pouvons donc être manipulés par ces opinions. Voilà pourquoi on cherche la reconnaissance et l'approbation d'autrui ; on a besoin d'être accepté par le Rêve extérieur, via autrui. Voilà pourquoi les adolescents boivent de l'alcool, se droguent ou se mettent à fumer : simplement pour être acceptés par ceux qui professent ces diverses opinions, simplement pour qu'on les trouve « *cool* ».

Ainsi, la plupart des humains souffrent à cause des fausses images qu'ils s'efforcent de projeter. Ils prétendent être très importants tout en croyant n'être rien du tout. Ils font tant d'efforts pour être quelqu'un dans le Rêve de la société, pour être reconnus et recevoir l'approbation des autres. Ils essaient tellement d'être importants, d'être des gagnants, d'être puissants, riches, célèbres, d'exprimer leur rêve personnel et de l'imposer à ceux qui les entourent. Pourquoi ? Parce que les humains croient que le Rêve est réel et ils prennent tout ça très au sérieux.

2

La perte de l'innocence

Par nature, les humains sont des êtres très sensibles et fortement émotionnels, car ils perçoivent tout à travers leur corps émotionnel. Ce corps est semblable à une radio que l'on peut régler pour qu'elle perçoive (ou réagisse à) certaines fréquences. La fréquence normale de l'être humain, avant d'être domestiqué, est d'explorer et de jouir de la vie ; nous sommes réglés sur la fréquence de l'amour. Lorsque nous sommes à l'âge d'enfant, nous n'avons pas de définition de l'amour en tant que concept abstrait ; nous le vivons, simplement. C'est ainsi que nous sommes.

Le corps émotionnel est équipé d'un composant semblable à un système d'alarme, qui nous avertit lorsque quelque chose ne va pas. Il en est de même pour le corps physique ; lui aussi dispose d'une alarme qui lui indique ce qui va mal : c'est la douleur. Lorsqu'on a mal, cela signifie que quelque chose ne fonctionne pas dans le corps, qu'il faut identifier et soigner. Le système d'alarme du corps émotionnel est la peur. Lorsqu'on a peur, c'est que quelque chose va mal. Peut-être que notre vie est même en jeu.

Le corps émotionnel perçoit les émotions non pas par les yeux, mais de l'intérieur. Les enfants ressentent simplement des émotions et leur raison ne les interprète pas et ne les remet pas en question. Voilà pourquoi ils acceptent certaines personnes et en rejettent d'autres. Lorsqu'ils ne se sentent pas en confiance avec quelqu'un, ils le rejettent car ils sont capables de capter les émotions projetées par ce dernier. Ils perçoivent très facilement si une personne est en colère et leur système d'alarme leur envoie alors un petit signal de peur qui leur dit : « *Tiens-toi à distance.* » Ils suivent donc leur instinct et se tiennent à distance.

Nous acquérons notre registre émotionnel en fonction de l'énergie émotionnelle qui règne à la maison et de nos réactions personnelles à celle-ci. Voilà pourquoi dans une famille, chaque frère ou sœur réagit différemment, selon la façon dont il ou elle a appris à se défendre et à s'adapter à différentes circonstances. Lorsque nos parents se disputent sans cesse, lorsqu'il y a disharmonie, absence de respect et mensonges, nous développons notre registre émotionnel de la même façon. Même si nos parents nous disent de ne pas nous comporter ainsi et de ne pas mentir, l'énergie émotionnelle qu'ils dégagent, celle de toute la famille, nous feront percevoir le monde de la même manière qu'eux.

L'énergie émotionnelle qui règne au sein de notre famille règle notre corps émotionnel sur cette fréquence. Celui-ci se met alors à changer de fréquence naturelle : il n'est plus dans le registre normal de l'être humain. Nous jouons au jeu des adultes, nous jouons le jeu du Rêve extérieur... et nous perdons. Nous perdons notre innocence, notre liberté, notre bonheur ainsi que notre tendance naturelle à aimer. Nous sommes contraints de changer et nous commençons à percevoir un autre monde, une autre réalité : la réalité de l'injustice, de la douleur émotionnelle, du poison émotionnel. Bienvenue en enfer : celui que créent les humains, c'est-à-dire le Rêve de la Planète. On nous accueille dans cet enfer, mais nous ne l'avons pas créé nous-mêmes. Il était déjà là avant notre naissance.

En observant les enfants, vous pouvez voir la façon dont l'amour et la liberté authentiques sont détruits. Imaginez un enfant de deux ou trois ans courant et s'amusant dans le parc. Maman est là, qui surveille le petit bonhomme, et elle a peur qu'il tombe et se fasse mal. Au bout d'un moment, elle a envie qu'il s'arrête. L'enfant pense qu'elle s'amuse avec lui, alors plus elle lui court après, plus il court vite. Des voitures circulent dans la rue juste à côté, ce qui angoisse encore plus maman qui, finalement, attrape son fiston. Celui-ci s'attend à ce qu'elle joue avec lui, mais au lieu de cela, elle le fesse. Boum... quel choc ! Le bonheur de l'enfant étant une expression de son amour, il ne comprend pas pourquoi sa maman agit ainsi. Ce choc interrompra petit à petit le flot de son amour. L'enfant ne comprend pas ce que sa maman lui dit, mais malgré tout, il se demande pourquoi ? Courir et jouer sont sa façon d'exprimer son amour, mais il ne lui est désormais plus possible de le faire en toute sécurité, parce que ses parents le punissent. Ils l'envoient dans sa chambre et il ne peut plus faire ce qu'il veut. Ils lui disent qu'il est un vilain garçon (ou une vilaine fille) et l'humilient, le réprimandent.

Ce système, fondé sur la récompense et la punition, comprend le sens de ce qui est juste et de ce qui ne l'est pas. Le sentiment d'injustice est comme un couteau qui ouvre des plaies émotionnelles dans l'esprit. Ensuite, selon notre réaction à cette injustice, chaque plaie peut s'infecter de poison émotionnel.

Pourquoi certaines plaies s'infectent-elles ?

Prenons un autre exemple. Imaginez que vous avez deux ou trois ans. Vous êtes heureux, vous jouez, vous explorez. Vous n'êtes pas conscient de ce qui est bon ni de ce qui est mauvais, de ce qui est juste ou faux, de ce que vous devriez faire ou non, parce que vous n'êtes pas encore domestiqué. Vous jouez dans le salon avec ce qui se trouve à portée de main. Vous n'avez pas de mauvaises intentions, vous ne cherchez pas à casser quoi que ce soit, mais vous jouez avec la guitare de votre papa. Pour vous, ce n'est qu'un jouet ; vous ne cherchez absolument pas à énerver votre père. Mais celui-ci est justement dans un de ces jours où il ne se sent pas bien. Il a des problèmes au travail. Le voilà qui rentre dans le salon et vous trouve en train de jouer avec ses affaires. Il s'emporte immédiatement, il vous attrape et vous flanque une raclée.

De votre point de vue, c'est une injustice. Votre père débarque et vous frappe de toute sa colère. Voilà quelqu'un en qui vous aviez une confiance totale parce que c'est votre papa, quelqu'un qui, d'habitude, vous protégeait et vous permettait de jouer et d'être avec lui. Et voilà qu'il vient de se passer quelque chose qui ne colle pas avec votre image. Ce sentiment d'injustice est comme une douleur dans votre cœur. Vous êtes sensible ; ça vous blesse et vous fait pleurer. Mais vous ne pleurez pas seulement parce qu'il vous a frappé. Ce n'est pas l'agression physique qui vous fait mal ; c'est l'agression émotionnelle que vous jugez injustifiée. Vous n'avez rien fait.

Ce sentiment d'injustice ouvre une plaie dans votre esprit. Votre corps émotionnel est blessé et, à cette occasion, vous perdez un peu de votre innocence. Vous découvrez que vous ne pouvez pas toujours faire confiance à votre père. Même si votre mental ne le sait pas, parce qu'il n'analyse pas encore, il comprend quand même : « *Je ne peux pas faire confiance.* » Votre corps émotionnel vous dit qu'il y a quelque chose en quoi vous ne pouvez pas avoir confiance et que cela peut se reproduire.

Vous pouvez réagir par la peur, mais aussi la colère, la timidité ou encore les pleurs. Cette réaction est déjà un poison émotionnel parce que, avant la domestication, la réaction normale, si votre papa vous frappe, est de vouloir le frapper à votre tour. Mais si vous lui rendez le coup ou si vous esquissez simplement le geste de lever la main, votre père s'énervera encore plus contre vous la punition sera pire. Désormais, vous saurez qu'il est capable de vous détruire. Vous aurez peur de lui et vous ne vous défendrez plus, parce que vous saurez que ça ne fera qu'empirer les choses.

Vous ne comprenez toujours pas pourquoi, mais vous savez que votre père pourrait même vous tuer. Ceci ouvre une plaie profonde dans votre esprit. Jusque-là, il était totalement sain ; vous étiez tout à fait innocent. Mais désormais, vous cherchez un moyen pour rationaliser cette expérience. Vous apprenez à réagir d'une certaine manière bien à vous. Vous gardez cette émotion en vous et elle change votre mode de vie.

Dorénavant, cette expérience se répétera plus souvent. Des injustices seront commises par votre papa et votre maman, vos frères et sœurs, vos oncles et tantes, à l'école, dans la société, par tout le monde. À chaque nouvelle peur, vous apprenez à vous défendre, mais plus comme vous le faisiez avant votre domestication, lorsque vous vous défendiez sans retenue, puis que vous vous remettiez à jouer. Maintenant, il y a quelque chose à l'intérieur de la plaie qui, de prime abord, ne semble pas très important : du poison émotionnel. Celui-ci s'accumule et l'esprit se met à jouer avec lui. Désormais, vous commencez à vous faire du souci pour l'avenir, parce que vous conservez le souvenir du poison et que vous ne voulez pas voir les mêmes événements se reproduire. Vous avez aussi des souvenirs des moments où vous vous êtes senti accepté ; vous vous souvenez de votre papa et de votre maman lorsqu'ils étaient gentils avec vous et que vous viviez dans l'harmonie. Vous désirez l'harmonie, mais vous ne savez pas comment la créer. Et comme vous êtes à l'intérieur de la bulle de vos perceptions, quoi qu'il arrive autour de vous, vous avez l'impression que c'est à cause de vous. Vous croyez que vos parents se disputent à cause de vous, même si ça n'a rien à voir avec vous.

C'est ainsi que, petit à petit, nous perdons notre innocence ; nous commençons à avoir des ressentiments, puis nous ne pardonnons plus. Au fil des années, ces incidents et interactions avec autrui nous font comprendre qu'il vaut mieux ne pas être qui nous sommes réellement. Bien entendu, l'intensité de ces réactions varie d'un individu à l'autre, selon son intelligence, son éducation et de nombreux autres facteurs.

Si vous avez eu de la chance, votre domestication n'a pas été trop forte. Dans le cas inverse, elle peut être si intense et les plaies si profondes que vous pouvez même avoir peur de vous exprimer. Résultat : « *Oh, je suis quelqu'un de timide.* » La timidité est la peur de s'exprimer. Vous pouvez croire que vous ne savez pas danser ou chanter, mais il ne s'agit là que de la répression d'un instinct humain normal qui nous pousse à exprimer notre amour.

Les humains se servent de la peur pour domestiquer leurs enfants et cette peur s'accroît avec chaque injustice. Le sentiment d'injustice est la lame qui ouvre les plaies dans le corps émotionnel. Ensuite, notre réaction à ce que l'on considère injuste crée du poison émotionnel. Certaines plaies cicatriseront, d'autres s'infecteront avec toujours plus de poison. Une fois qu'on est rempli de poison émotionnel, on ressent le besoin de s'en débarrasser en le déversant sur quelqu'un d'autre. Comment procède-t-on ? Tout simplement en captant son attention.

Prenons l'exemple d'un couple ordinaire. Pour une raison ou une autre, la femme est en colère. Elle est pleine de poison émotionnel à cause d'une injustice commise par son mari. Celui-ci n'est pas à la maison, mais elle se souvient de cet incident et le poison augmente en elle. Lorsque le mari rentre, la première chose qu'elle cherche à faire est de capter son attention pour pouvoir déverser sur lui tout son poison et se sentir soulagée. Dès qu'elle lui dit combien il est nul, stupide ou injuste, son poison se répand à l'intérieur de son mari.

Elle ne cesse de parler jusqu'à ce qu'elle retienne son attention. Le mari finit par réagir ; il s'énerve et elle se sent mieux. Mais maintenant, le poison agit en lui et il lui faut être quitte. C'est à lui de réussir à capter l'attention de sa femme pour lui déverser à son tour ce poison, qui n'est désormais plus seulement celui de sa femme, mais les deux cumulés. Si vous observez cette interaction, vous verrez que les deux époux s'irritent mutuellement leurs plaies et jouent au ping-pong avec leur poison émotionnel. Celui-ci augmente alors de plus en plus, jusqu'au jour où l'un des partenaires explosera. Voilà les relations qu'entretiennent souvent les humains entre eux.

Dès que l'attention de quelqu'un est captée, l'énergie émotionnelle passe d'une personne à l'autre. En effet, l'attention est quelque chose de très puissant dans la psyché humaine. C'est pourquoi partout dans le monde, chacun traque l'attention d'autrui en permanence. Lorsque nous parvenons à capter l'attention de quelqu'un, nous créons des canaux de communication. Alors, le Rêve peut se transférer à l'autre, ainsi que le pouvoir et aussi le poison émotionnel.

D'habitude, on déverse le poison émotionnel sur celui ou celle considéré(e) comme responsable de l'injustice subie, mais si cette personne est tellement puissante qu'on ne peut pas le lui renvoyer, on le déverse sur n'importe qui d'autre (par exemple les plus petits qui ne peuvent se défendre) ; voilà comment se forment des relations abusives. Les gens de pouvoir abusent de ceux qui en ont moins qu'eux, par besoin de se débarrasser de leur poison émotionnel. Ils doivent s'en libérer et, dès lors, ne se soucient plus de justice ; ils veulent simplement un soulagement, ils désirent la paix. Voilà pourquoi les hommes traquent sans cesse le pouvoir, car plus on est puissant, plus il est facile de se débarrasser de son poison sur ceux qui ne peuvent se défendre.

Je parle, bien entendu, des relations telles qu'elles existent en enfer. Je parle de cette maladie mentale qui sévit sur notre planète. Il n'y a personne à qui faire porter la responsabilité de cette maladie. Ce qui arrive n'est ni bon ni mauvais, ni juste ni faux : il s'agit simplement de la pathologie normale de cette affection. Personne n'est coupable d'agir de façon agressive. Tout comme les gens vivant sur cette planète imaginaire ne sont pas coupables d'avoir la peau malade, vous n'êtes pas non plus coupable d'avoir des plaies infectées de poison. Lorsque vous êtes physiquement malade ou blessé, vous ne vous faites pas de reproches et vous ne vous sentez pas non plus coupable. Alors, pourquoi vous sentir mal ou coupable lorsque votre corps émotionnel est malade ?

L'important est de devenir conscient de ce problème. Si nous développons cette conscience, nous pourrons guérir notre corps émotionnel et mettre fin à cette souffrance. Sans cela, rien ne se fait : nous continuons alors de souffrir de nos interactions non seulement avec les autres, mais également avec nous-mêmes, car nous irritons aussi nos propres plaies pour nous punir.

Dans notre esprit, nous avons créé cette part de nous-mêmes qui juge sans cesse. Ce Juge évalue tout ce que nous faisons ou ne faisons pas, tout ce que nous ressentons ou non. Nous nous jugeons en permanence nous-mêmes ainsi que les autres, en fonction de nos croyances et de notre sens de la justice et de l'injustice. Bien entendu, nous nous déclarons coupables et devons alors être punis. L'autre partie de notre esprit, celle qui subit le jugement et doit être punie, c'est la Victime. C'est elle qui dit : « *Pauvre de moi. Je ne suis pas assez compétent, pas assez fort, pas assez intelligent. À quoi bon faire des efforts ?* »

Enfant, vous n'avez pas pu choisir que croire ou ne pas croire. Et pourtant, votre Juge et votre Victime intérieurs se fondent sur toutes ces fausses croyances que vous n'avez pas choisies. Lorsque l'information véhiculée par ces croyances est entrée dans votre esprit, vous étiez innocent. Vous croyiez tout ce qu'on vous disait. Le Système de Croyances a été installé en vous comme un programme par le Rêve extérieur. Les Toltèques nomment ce programme le *Parasite*. L'esprit humain est malade parce qu'un Parasite lui vole son énergie vitale et le prive de joie. Ce Parasite est constitué de toutes les croyances qui nous font souffrir. Celles-ci sont si puissantes que, des années plus tard, lorsque nous découvrons de nouveaux concepts et que nous essayons de prendre nos propres décisions, nous réalisons qu'elles contrôlent encore notre vie.

Parfois, l'enfant qui est en vous se manifeste, le vrai vous qui est resté à l'âge de deux ou trois ans. Vous vivez alors dans l'instant présent et vous êtes heureux, avant que quelque chose ne vous sorte de cet état ; quelque chose en vous qui se sent indigne de trop s'amuser. Une voix intérieure vous dit que votre bonheur est trop beau pour être vrai ; il n'est pas bon d'être trop heureux. Et c'est ainsi que toute la culpabilité, tous les reproches, tout le poison emmagasiné dans votre corps émotionnel vous ramènent sans cesse dans un monde de drames.

Comme une maladie, le Parasite s'est propagé de nos grands-parents à nos parents, puis à nous, et nous le transmettrons à nos enfants. Nous inscrivons toutes ces programmations dans nos enfants, de la même façon que nous dressons un chien. Les humains sont des animaux domestiqués et cette domestication les entraîne dans ce Rêve de l'enfer où ils vivent dans la peur.

Le Parasite se nourrit de toutes les émotions nées de la peur. Avant d'attraper ce Parasite, nous jouissions de la vie, nous jouions, nous étions heureux comme des petits enfants. Mais une fois que tous les déchets ont été déversés dans notre esprit, nous ne sommes plus heureux. Nous apprenons à avoir raison et à donner tort aux autres. Le besoin d'avoir « *raison* » provient de nos efforts pour protéger l'image que nous voulons projeter de nous à l'extérieur. Il nous faut imposer notre façon de penser, non seulement aux autres, mais aussi à nous-mêmes.

Avec un peu de conscience, on peut facilement comprendre pourquoi nos relations ne marchent pas, que ce soit avec nos parents, nos enfants, nos amis, notre partenaire, et même avec nous-mêmes. Pourquoi notre relation avec nous-mêmes ne fonctionne-t-elle pas ? Parce que nous sommes blessés et que nous ne savons que faire de ce poison émotionnel contenu dans nos plaies. Nous sommes remplis de poison parce que nous avons grandi avec une image de perfection qui n'est pas vraie, qui n'existe pas et nous paraît injuste.

On a vu comment nous créons cette image de perfection pour plaire aux autres, même si eux aussi créent leur propre rêve qui n'a rien à voir avec nous. On s'efforce de plaire à son papa et sa maman, à son professeur, au pasteur, à la religion et à Dieu. Mais la vérité est que, de leur point de vue, nous ne serons jamais parfaits. Cette image de perfection nous dicte comment nous devrions être pour enfin nous sentir au point, pour enfin pouvoir nous accepter. Mais devinez quoi ? C'est là le plus grand mensonge que nous croyons à propos de nous-mêmes, car nous ne serons *jamais* parfaits. Et nous n'arrivons pas à nous pardonner de ne pas l'être.

L'image de perfection ainsi créée modifie la façon dont on rêve. On apprend à se rejeter et à se nier, faute d'être à la hauteur, d'être assez juste, d'être assez propre, assez sain, à l'aulne de toutes les croyances qu'on cultive. Il y aura toujours quelque chose que le Juge ne pourra accepter ni pardonner. Voilà pourquoi nous rejetons notre propre humanité ; voilà pourquoi nous ne méritons jamais d'être heureux ; voilà pourquoi nous cherchons quelqu'un pour nous maltraiter, pour nous punir. Le degré de mauvais traitement que nous nous infligeons est très élevé en raison de cette image de perfection.

Lorsqu'on passe son temps à se rejeter, à se juger et à se déclarer coupable, puis à se punir, il semble n'exister aucun amour dans ce monde. On dirait qu'il n'y a que punitions, souffrances et jugements. Mais l'enfer est fait de nombreux niveaux différents. Certaines personnes s'y trouvent très profondément enracinées, d'autres y sont à peine, bien qu'elles y soient quand même.

En enfer, on voit des relations qui sont très nocives et d'autres qui le sont peu. Mais vous n'êtes plus un enfant ; donc si vous conservez une relation négative, c'est parce que vous acceptez cette négativité, que vous croyez la mériter. Il y a une limite à la quantité de mauvais traitement que vous acceptez, mais personne au monde ne vous maltraite autant que vous-même. La limite que vous mettez à vos mauvais traitements envers vous-même est exactement celle que vous tolérerez de la part d'autrui. Si quelqu'un vous maltraite plus que vous-même, vous allez fuir, courir, vous échapper. Même s'il le fait à peine moins que vous-même, vous le supporterez plus longtemps. Vous penserez mériter ces mauvais traitements.

D'habitude, les relations en enfer tournent autour de la question du paiement des injustices commises ; il s'agit d'arriver à être quitte. « *Je te maltraite de la façon dont tu en as besoin et tu me maltraites comme j'en ai besoin.* » Nous atteignons ainsi un bon équilibre ; ça marche. Bien entendu, chaque énergie attire une énergie du même type, une même vibration.

Si quelqu'un vous dit : « *Oh, on me fait tellement de mal* » et que vous lui demandez : « *Alors, pourquoi continues-tu cette relation ?* », il ne le sait généralement même pas. La vérité, c'est qu'il a besoin de ces souffrances parce que c'est sa manière de se punir.

La vie vous apporte exactement ce dont vous avez besoin. Il existe une justice parfaite en enfer. Il n'y a personne à condamner. On peut même affirmer que notre souffrance est un cadeau. Si vous ouvrez simplement les yeux et que vous regardez autour de vous, vous verrez que vous avez exactement ce qu'il vous faut pour vous nettoyer de tout poison, pour guérir vos plaies, pour vous accepter et vous sortir de l'enfer.

3

L'homme qui ne croyait pas à l'amour

J'ai envie de vous raconter une très vieille histoire à propos d'un homme qui ne croyait pas à l'amour. C'était quelqu'un d'ordinaire, comme vous et moi, mais ce qui le distinguait était sa manière de penser. Il pensait que *l'amour n'existe pas*. Bien sûr, il avait fait de nombreuses expériences pour tenter de trouver l'amour, et il avait bien observé les gens autour de lui. La plus grande part de sa vie avait été consacrée à rechercher l'amour, pour finalement découvrir que celui-ci n'existait pas.

Où qu'il allât, cet homme disait à tout le monde que l'amour n'était qu'une invention des poètes, une trouvaille des religions servant à manipuler les esprits faibles des humains, afin de les contrôler et de les pousser à croire. Il disait que l'amour n'est pas vrai et donc qu'aucun humain ne pourrait jamais le trouver, même s'il le cherchait.

Cet homme était très intelligent et très convaincant. Il avait lu de nombreux livres, était allé dans les meilleures universités et était devenu un érudit respecté. Il pouvait prendre la parole en tout lieu, devant n'importe quel public, et sa logique était implacable. Il disait que l'amour est exactement comme une drogue : il vous fait planer, mais crée une forte dépendance. On peut être gravement « accro » à l'amour. Que se passe-t-il lorsque vous n'obtenez pas votre dose quotidienne d'amour ? Comme pour la drogue, il vous faut votre dose journalière.

Il disait que la plupart des relations entre amoureux sont semblables à celle du toxicomane et de son dealer. Celui qui a le plus grand besoin est le toxicomane ; celui dont le besoin est moindre est le dealer. C'est ce dernier qui contrôle toute la relation. Vous pouvez observer cette dynamique très clairement parce que, d'habitude, il y a dans chaque relation une personne qui aime plus et une autre qui n'aime pas vraiment, qui ne fait que profiter de celui ou de celle qui lui donne son cœur. Vous pouvez voir la façon dont ils se manipulent l'un l'autre, observer leurs actions et réactions, et vous verrez qu'ils font vraiment penser au toxicomane et à son dealer.

Le toxicomane, dont le besoin d'amour est le plus grand, vit dans la peur perpétuelle de ne pas obtenir

sa prochaine dose d'amour, ou de drogue. Il se dit :
« *Que vais-je faire s'il (ou elle) me quitte ?* » *La peur
le rend très possessif.* « *Il (ou elle) est à moi !* » Le toxicomane devient jaloux et exigeant, à cause de cette
peur de ne pas avoir sa prochaine dose. Le dealer peut
le contrôler et le manipuler en lui donnant plus ou
moins de doses, voire pas de dose du tout. Son client
se soumet complètement et fera tout ce qu'il peut
pour ne pas être abandonné.

L'homme continuait donc d'expliquer à chacun
pourquoi l'amour n'existait pas.

« *Ce que les humains appellent "amour" n'est rien
d'autre qu'une relation de peur basée sur le contrôle.
Où est le respect ? Où est l'amour qu'ils prétendent
avoir l'un envers l'autre ? Il n'y a pas d'amour.
Les jeunes couples se font de nombreuses promesses
l'un à l'autre, devant Dieu, devant leur famille
et leurs amis : vivre ensemble à jamais, s'aimer
et se respecter mutuellement, être là pour l'autre,
"pour le meilleur et pour le pire". Ils se promettent de
s'aimer et de s'honorer l'un l'autre et plein d'autres
choses encore. Et ce qui est étonnant, c'est qu'ils croient
vraiment à ces promesses. Mais une fois mariés – une
semaine, un ou plusieurs mois plus tard – ils constatent
qu'aucune d'entre elles n'est tenue.*

*En lieu et place, vous découvrez une guerre de pou-
voir : c'est à qui manipulera qui. Qui sera le dealer
et qui en sera dépendant ? Vous découvrirez quelques
mois plus tard que le respect qu'ils se sont mutuellement
juré a disparu. Vous constaterez l'existence du ressen-
timent, vous verrez le poison émotionnel se développer*

et comment ils se blessent l'un l'autre, petit à petit au début, puis de plus en plus, au point de ne même pas voir quand l'amour s'est arrêté. Ils restent pourtant ensemble, de crainte d'être seuls et par peur de l'opinion et des jugements d'autrui, y compris des leurs. Alors, où est l'amour ? »

Cet homme avait l'habitude de dire qu'il connaissait beaucoup de vieux couples ayant vécu ensemble durant trente, quarante ou cinquante ans, et qui étaient si fiers d'être encore ensemble après toutes ces années. Mais lorsqu'ils parlaient de leurs relations, ils disaient : « *Nous avons survécu au mariage.* » Ce qui signifie que l'un des deux s'est soumis à l'autre ; à un certain point, la femme a renoncé et a décidé de supporter la souffrance. Celui qui avait la volonté la plus forte et le besoin le plus faible a gagné la guerre ; mais où est cette flamme qu'ils appellent « l'amour » ? Ils se traitent l'un l'autre comme des possessions : « *Elle est à moi.* » – « *Il est à moi.* »

L'homme poursuivait sans fin, expliquant toutes les raisons pour lesquelles il croyait que l'amour n'existait pas, et il disait à ceux qui l'écoutaient : « *Je me suis déjà prêté à tout cela. Désormais, je ne laisserai plus personne manipuler mon esprit et contrôler ma vie au nom de l'amour.* » Ses arguments étaient très logiques et il parvenait à convaincre de nombreuses personnes que *l'amour n'existe pas !*

Puis, un jour, alors qu'il se promenait dans un parc, cet homme vit sur un banc une très belle femme qui pleurait. La voyant ainsi, il fut piqué de curiosité. Il s'assit à côté d'elle et lui demanda s'il pouvait l'aider et pourquoi elle pleurait. Imaginez sa surprise lorsqu'elle lui répondit : « *Parce que l'amour n'existe pas.* » Il se dit : « *Voilà qui est étonnant : une femme qui croit que l'amour n'existe pas !* » Il voulut évidemment en savoir plus sur elle.

« *Pourquoi dites-vous que l'amour n'existe pas ?* », lui demanda-t-il. « *Eh bien, c'est une longue histoire* », répondit-elle. « *Je me suis mariée très jeune, pleine d'amour et d'illusions, avec l'espoir de partager ma vie avec cet homme. Nous nous sommes juré loyauté, respect et honneur et nous avons fondé une famille. Mais bientôt, tout a changé. J'étais la femme dévouée prenant soin de la maison et des enfants. Mon mari poursuivait sa carrière ; son succès et l'image qu'il avait à l'extérieur comptaient plus pour lui que notre famille. Il perdit tout respect pour moi et moi pour lui. Nous nous faisions mutuellement du tort et finalement, je me suis rendu compte que je ne l'aimais pas et lui non plus.*

« *Mais les enfants avaient besoin d'un père et j'ai pris ça comme excuse pour rester avec lui, en faisant tout ce que je pouvais pour le soutenir. Maintenant, les enfants sont grands, ils sont partis. Je n'ai plus aucune excuse pour rester encore avec lui. Il n'y a plus de respect entre nous, plus de gentillesse. Et je sais que si je trouve quelqu'un d'autre, ce sera la même chose, car l'amour n'existe pas. Cela n'a pas de sens de rechercher quelque chose qui n'existe pas. Voilà pourquoi je pleure.* »

L'homme la comprenait très bien, il la prit dans ses bras et lui dit : « *Vous avez raison : l'amour* n'existe pas. On recherche l'amour, on ouvre son cœur et on devient vulnérable, tout ça pour ne trouver que de l'égoïsme. Cela fait mal, même si on pense que ça n'arrivera pas. Peu importe le nombre de relations qu'on a déjà eues, la même chose se reproduit chaque fois. Pourquoi donc continuer à rechercher l'amour ? »

Ils se ressemblaient tellement qu'ils devinrent les meilleurs amis au monde. C'était une relation merveilleuse. Ils se respectaient mutuellement et jamais, ils ne se dénigraient l'un l'autre. À chaque pas qu'ils faisaient ensemble, ils étaient heureux. Il n'y avait ni envie, ni jalousie, ni contrôle, ni possessivité. Leur relation continuait donc de grandir et de se développer. Ils aimaient être ensemble, car ils passaient de bons moments. Lorsqu'ils étaient séparés, ils se manquaient l'un à l'autre.

Un jour que l'homme était en déplacement, il lui vint l'idée la plus saugrenue. Il pensa : « *Hmm, peut-être est-ce de l'amour que je ressens pour elle ? Mais c'est tellement différent de ce que j'ai ressenti jusqu'ici. Cela n'a rien à voir avec ce dont parlent les poètes, ce n'est pas non plus ce que décrit la religion, parce que je ne me sens pas responsable d'elle. Je ne prends rien d'elle ; je n'ai pas besoin qu'elle s'occupe de moi ; je n'ai pas besoin de lui reprocher mes problèmes, ni de la charger du fardeau de mes histoires personnelles. Les moments que nous passons ensemble sont merveilleux. Nous nous apprécions mutuellement. Je respecte sa façon de penser et comment elle se sent. Elle ne m'embarrasse jamais. Elle ne me dérange nullement. Je ne suis pas jaloux* lorsqu'elle est avec d'autres personnes. Je ne l'envie pas lorsqu'elle a du succès. En fin de compte, peut-être que l'amour existe bel et bien, mais ce n'est certainement pas ce que les gens imaginent. »

Il était tout impatient de rentrer et de lui parler pour lui faire part de cette drôle d'idée. Dès qu'il se mit à lui parler, elle lui dit : « *Je vois tout à fait ce que tu veux dire. La même idée m'est venue il y a longtemps, mais je ne voulais pas la partager avec toi, car je sais que tu ne crois pas à l'amour. Peut-être, après tout, que l'amour existe bien, mais ce n'est pas ce que nous pensions.* »

Ils décidèrent de donner libre cours à leur amour et de vivre ensemble, et ce qui est remarquable, c'est que les choses ne changèrent pas. Ils continuaient de se respecter, de se soutenir mutuellement et leur amour grandissait de plus en plus. La moindre des choses faisait chanter leurs cœurs d'amour tellement ils étaient heureux.

Le cœur de cet homme était si débordant de tout l'amour qu'il ressentait qu'une nuit, un miracle se produisit. Il regardait les étoiles et trouva celle qui était la plus belle : son amour était si grand que celle-ci se mit à descendre du ciel et, bientôt, se trouva dans ses mains. Puis un deuxième miracle se produisit et son âme se fondit dans l'étoile. Il était profondément heureux et très impatient d'aller voir la femme et de lui mettre cette étoile entre les mains pour lui prouver son amour. Mais dès qu'il lui eut mis l'étoile dans les mains, elle fut parcourue d'un sentiment de doute. Cet amour était tellement immense qu'au même instant, l'étoile tomba de ses mains et se brisa en millions de petits morceaux.

Et depuis, un vieil homme parcourt le monde, jurant que l'amour n'existe pas. Et une belle vieille dame attend chez elle la venue d'un homme, versant des larmes à cause d'un paradis qu'elle a tenu une fois dans ses mains, mais qu'un instant de doute lui a fait perdre. Voilà l'histoire de l'homme qui ne croyait pas à l'amour.

Qui a commis l'erreur ? Avez-vous deviné quel a été le faux pas ? C'est l'homme qui a fait une erreur lorsqu'il a cru pouvoir donner son bonheur à la femme. L'étoile était son bonheur, et son erreur a été de mettre ce bonheur dans les mains de la femme. Le bonheur ne vient jamais de l'extérieur. L'homme était heureux à cause de l'amour qui venait de l'intérieur de lui-même ; la femme était heureuse en raison de l'amour qui s'exprimait d'elle. Mais dès qu'il l'a rendue responsable de son bonheur, elle a brisé l'étoile parce qu'elle ne pouvait pas en être responsable.

Peu importe à quel point cette femme l'aimait, elle n'aurait jamais été en mesure de le rendre heureux, parce qu'elle n'aurait jamais pu savoir exactement ce qu'il avait en tête. Elle ne pouvait pas deviner ses attentes, parce qu'il lui était impossible de connaître ses rêves.

Si vous placez votre bonheur entre les mains de quelqu'un d'autre, tôt ou tard, il ou elle le brisera.

Si vous donnez votre bonheur à autrui, il peut vous en priver. Alors que si le bonheur ne vient que de l'intérieur de vous-même, qu'il est le résultat de votre amour, c'est vous qui en êtes responsable. On ne peut jamais rendre autrui responsable de son amour et pourtant, en se mariant à l'église, la première chose qu'on fait est d'échanger des alliances. Chacun met son étoile entre les mains de l'autre et s'attend à ce que l'autre le rende heureux. Pourtant, quel que soit l'amour que nous ayons pour quelqu'un, il est impossible d'être pour lui ce qu'il souhaiterait que nous soyons.

Voilà l'erreur que la plupart d'entre nous commettent dès le début. On fait dépendre son bonheur de son partenaire et cela ne peut pas marcher ainsi. On fait plein de promesses qu'on ne peut pas tenir et on programme ainsi son échec.

4

La voie de l'amour, la voie de la peur

Votre vie tout entière n'est qu'un rêve. Vous vivez au beau milieu d'un rêve dans lequel tout ce que vous savez sur vous-même n'est vrai que pour vous. Votre vérité n'est vraie pour personne d'autre, pas même vos enfants ou vos propres parents. Comparez simplement ce que vous croyez sur vous-même et ce que votre mère pense de vous. Elle peut affirmer qu'elle vous connaît très bien, mais elle n'a aucune idée de qui vous êtes vraiment. Vous le savez bien. Et de votre côté, vous pouvez croire bien connaître votre mère, mais vous ne savez absolument pas qui elle est réellement. Elle a de nombreux rêves qu'elle n'a jamais partagés avec personne. Vous n'avez aucune idée de ce qu'il y a dans sa tête.

Si vous vous remémorez votre propre vie et que vous essayez de vous souvenir de ce que vous avez fait à l'âge de onze ou douze ans, vous ne vous rappellerez guère plus de 5 % de votre vie. Bien sûr, vous vous souviendrez des choses les plus importantes, comme de votre nom, parce que vous y repensez constamment. Mais il arrive à certains d'oublier le nom de leurs propres enfants ou amis. C'est parce que la vie est faite de rêves, de nombreux petits rêves qui changent tout le temps. Les rêves ont tendance à se dissoudre : voilà pourquoi nous oublions tout si facilement.

Chaque être humain possède son rêve de vie personnel et ce rêve est différent pour chaque individu. Nous rêvons en fonction de l'ensemble des croyances que nous cultivons et nous modifions notre rêve d'après la façon dont nous jugeons et dont réagit notre victime intérieure. Voilà pourquoi les rêves ne sont jamais les mêmes d'une personne à l'autre. Dans une relation, deux personnes peuvent prétendre être pareilles, ressentir les mêmes choses, vivre le même rêve, mais il est impossible que cela se produise. Il y a chaque fois deux rêveurs, avec deux rêves différents, et chacun rêvera à sa façon. Voilà pourquoi il faut accepter les différences existant entre rêveurs et respecter mutuellement les rêves.

On peut avoir simultanément des milliers de relations, mais chaque relation n'existe qu'entre deux personnes et jamais plus de deux. J'ai une relation avec chacun de mes amis et chaque fois, ce n'est qu'entre nous deux. J'ai une relation avec chacun de mes enfants et chaque relation est totalement différente des autres.

Selon la façon dont deux personnes rêvent, elles créent ensemble la direction commune de ce rêve que l'on appelle une relation. Chacune de nos relations – avec papa, maman, frères et sœurs, amis – est unique parce que nous rêvons un petit rêve ensemble. Chaque relation devient un être vivant concrétisé par deux rêveurs.

De même que votre corps est fait de cellules, vos rêves sont faits d'émotions. Il existe principalement deux sources d'émotions : l'une est la peur et toutes les émotions qui en découlent ; l'autre est l'amour ainsi que tous les sentiments qui en résultent. Nous vivons tous ces deux types d'émotions, mais celle qui est la plus fréquente chez les gens ordinaires est la peur. On peut dire que les relations normales dans ce monde-ci se fondent à 95 % sur la peur et à 5 % sur l'amour. Bien sûr, ces proportions changent selon les gens, mais même si la peur ne représente que 60 % et l'amour 40 %, la relation reste principalement fondée sur la peur.

Pour bien comprendre ces émotions, on peut décrire certaines caractéristiques de l'amour et de la peur que j'appelle la « *Voie de l'Amour* » et « *la Voie de la Peur* ». Ces deux voies ne sont que des points de référence qui nous aident à voir comment nous vivons notre vie. Les divisions qui suivent aident notre esprit logique à comprendre et à essayer d'avoir un peu de contrôle sur les choix que nous effectuons. Regardons donc quelques-unes des caractéristiques de l'amour et de la peur.

- **L'amour ne connaît aucune obligation.** La peur est pleine d'obligations. Dans la voie de la peur, quoi qu'on fasse, c'est parce qu'on doit le faire ; on attend aussi des autres qu'ils fassent telle ou telle chose parce qu'ils le doivent. On a donc des obligations et dès qu'on doit faire quelque chose, on y oppose de la résistance. Plus on résiste et plus on souffre. Tôt ou tard, on cherche donc à fuir ses obligations. L'amour, par contre, ne connaît pas la résistance. Quoi que nous fassions, c'est parce que nous le voulons. C'est un plaisir ; c'est comme un jeu et le jouer nous amuse.

- **L'amour n'a pas d'attentes.** La peur est remplie d'attentes. Sous l'emprise de la peur, on fait les choses parce que l'on pense devoir les faire et l'on attend des autres qu'ils fassent de même. Voilà pourquoi la peur fait mal et non l'amour. On s'attend à telle chose et si elle n'arrive pas, on se sent blessé : on trouve que c'est injuste. Lorsqu'on aime, on n'a aucune attente. On fait ce qu'on fait parce qu'on le veut bien et si les autres agissent à leur manière, c'est parce qu'ils en ont envie. Cela n'a aucun caractère personnel.

Lorsqu'on n'a pas d'attentes, si rien n'arrive, ce n'est pas grave. On ne se sent pas blessé car, quoi qu'il se produise, c'est très bien. Voilà pourquoi quasiment rien ne peut nous atteindre lorsque nous vivons dans l'amour. Nous ne nous attendons pas à ce que l'être aimé fasse ceci ou cela et nous n'avons pas d'obligations non plus.

- **L'amour se fonde sur le respect.** La peur ne respecte rien. Si j'ai pitié de vous, cela signifie que je ne vous respecte pas. Je ne vous estime pas capable d'effectuer vos propres choix. Et si je dois choisir à votre place, c'est que je ne vous respecte pas. Dès lors, j'essaie de vous contrôler. D'ailleurs, la plupart du temps, lorsque nous disons à nos enfants comment ils doivent vivre leur vie, c'est parce que nous ne les respectons pas. Nous avons pitié d'eux et nous essayons de faire ce qu'ils devraient faire eux-mêmes. Lorsque je ne me respecte pas, je m'apitoie sur moi-même et je me dis que je ne suis pas assez bon pour réussir dans ce monde.

  Comment savoir si vous ne vous respectez pas ? C'est quand vous vous dites : « *Pauvre de moi : je ne suis pas assez fort, pas assez intelligent, pas assez beau, je ne m'en sortirai pas.* » L'apitoiement sur soi vient d'un manque de respect.

- **L'amour est impitoyable ; il n'a pitié de personne, mais il a de la compassion.** La peur est pleine de pitié ; elle a pitié de tout le monde. Vous avez pitié de moi car vous ne me respectez pas, puisque vous pensez que je ne suis pas assez fort pour m'en sortir. L'amour, en revanche, est plein de respect. Je vous aime ; je sais que vous pouvez y arriver. Je sais que vous êtes assez fort, assez intelligent, assez compétent pour effectuer vos propres choix. Je n'ai pas à faire de choix pour vous ; vous en êtes capable. Si vous tombez, je peux vous tendre la main, je peux vous aider à vous relever. Je peux même vous dire : « *Vas-y, tu en es capable.* » C'est de la compassion, mais ce n'est pas la même chose que la pitié. La compassion vient du respect et de l'amour ; la pitié d'un manque de respect et de la peur.

- **L'amour est totalement responsable.** La peur fuit la responsabilité, ce qui ne signifie pas qu'elle ne soit pas responsable. Essayer de fuir ses responsabilités est l'une des plus grandes erreurs que nous puissions commettre, car chaque action a des conséquences. Tout ce que nous pensons, tout ce que nous faisons a des conséquences. Si nous faisons tel choix, il s'en suivra tel résultat ou telle réaction. Si nous refusons de choisir, il y aura malgré tout des résultats et des réactions. D'une façon ou d'une autre, nous serons confrontés aux conséquences de nos actions. Voilà pourquoi chaque être humain est totalement responsable de ses actions, même s'il refuse de l'être. Certains peuvent essayer de payer vos erreurs à votre place, mais vous les paierez vous-même un jour et il vous faudra alors les payer deux fois. Lorsque d'autres personnes essaient d'assumer vos responsabilités, cela ne fait que créer des problèmes plus importants.

- **L'amour est toujours bon.** La peur est toujours méchante. Quand on a peur, on est plein d'obligations, d'attentes, dénué de respect, on évite les responsabilités et on ressent de la pitié. Comment peut-on se sentir bien, alors qu'on souffre de tant de peur ? On se sent victime de tout : on est jaloux, en colère, triste ou on se sent trahi.
La colère n'est que de la peur masquée. Il en va de même pour la tristesse et la jalousie. Assaillis par toutes ces émotions créées par la peur qui nous font souffrir, nous ne pouvons pas prétendre être bons. Si on ne se sent pas bien, si on n'est pas heureux, comment être bon ? Lorsque vous êtes dans la voie de l'amour, vous n'avez ni obligations ni attentes. Vous ne vous apitoyez ni sur vous-même ni sur les autres. Tout va bien et voilà pourquoi un sourire illumine toujours votre visage. Vous vous sentez bien et comme vous êtes heureux, vous êtes bon. L'amour est toujours bon, il vous rend généreux et vous ouvre toutes les portes. L'amour est généreux. La peur est égoïste ; pour elle, il n'existe que moi. L'égoïsme ferme toutes les portes.

- **L'amour est inconditionnel.** La peur est pleine de conditions. Dans la voie de la peur, je vous aime *si* vous me laissez vous contrôler, *si* vous êtes gentil avec moi, *si* vous cadrez avec l'image que j'ai de vous. Je me crée une image de ce que vous devriez être, et comme vous n'êtes pas et ne serez jamais conforme à cette image, je vous juge et je vous déclare coupable. Souvent même, j'ai honte de vous parce que vous ne correspondez pas à mes attentes. Alors, vous m'embarrassez, me mettant mal à l'aise, et je ne fais preuve d'aucune patience à votre égard. Je ne fais que prétendre être bon envers vous. Dans l'amour, il n'y a pas de *si* ; il n'y a pas de conditions. Je vous aime sans raison, sans justification. Je vous aime tel que vous êtes et vous êtes libre d'être comme vous êtes. Sinon, je ferais mieux d'être avec quelqu'un qui soit tel que je le souhaite. Nous n'avons aucun droit de changer quiconque et personne n'a le droit de nous changer. Si, un jour, nous changeons, c'est parce que nous le voulons bien, parce que nous ne souhaitons plus souffrir davantage.

La plupart des gens passent toute leur vie dans la voie de la peur. Ils maintiennent telle relation parce qu'ils pensent le devoir. Ils ont de nombreuses attentes vis-à-vis de leur partenaire et d'eux-mêmes. Tous ces drames et souffrances naissent parce que nous utilisons les canaux de communication qui existaient déjà avant que nous soyons nés. Les gens jugent et se sentent victimes, ils médisent les uns des autres en présence de leurs amis, dans les bistrots. Ils font en sorte que les membres de leur propre famille se détestent les uns les autres. Ils accumulent du poison émotionnel, puis le déversent sur leurs enfants. « *Regarde ce que ton père m'a fait ! Ne sois pas comme lui. Tous les hommes sont comme ceci ; toutes les femmes sont comme cela.* » Voilà ce que nous faisons aux personnes que nous aimons : à nos propres enfants, à nos propres amis, à nos partenaires.

Il y a tant de conditions, d'attentes et d'obligations dans la voie de la peur que nous créons de nombreuses règles pour nous protéger de la douleur émotionnelle, alors qu'en réalité, il ne devrait en exister aucune. Toutes ces règles affectent la qualité de communication existant entre nous, parce que lorsqu'on a peur, on ment. Si vous vous attendez à ce que je me comporte de telle manière, je me sens obligé de le faire. Mais en réalité, je ne suis pas ce que vous voudriez que je sois. Si je suis honnête et que je suis vraiment moi-même, vous êtes blessé, vous vous énervez. Alors, je vous mens, car j'ai peur de votre jugement, peur que vous en ayez après moi, que vous me considériez coupable et que vous me punissiez. Et ensuite, chaque fois que vous vous en souviendrez, vous me punirez encore et encore pour la même erreur.

- **Dans la voie de l'amour, la justice existe.** Si vous faites une erreur, vous la payerez une fois et si vous vous aimez vraiment, vous en tirerez une leçon. Dans la voie de la peur, il n'y a pas de justice. Vous vous forcez à payer des milliers de fois la même erreur. Et vous faites pareil avec votre partenaire ou vos amis. Cela éveille un sentiment d'injustice et des plaies émotionnelles se créent. Puis, bien entendu, vous programmez votre propre échec. Les humains créent des drames pour absolument tout, même pour des broutilles. On les observe constamment dans les relations normales de l'enfer, parce que les couples vivent dans la voie de la peur.

Chaque relation est faite de deux moitiés : vous en êtes une, l'autre est votre fils, votre fille, votre père, votre mère, vos amis, votre partenaire. De ces paires de moitiés, vous n'êtes responsable que de la vôtre ; vous n'êtes pas responsable de celle de l'autre personne engagée dans une relation avec vous. Peu importe le sentiment de proximité que vous estimez avoir avec telle ou telle personne, peu importe à quel point vous pensez l'aimer, il n'est pas possible que vous soyez responsable de ce qui se trouve dans sa tête. Vous ne saurez jamais ce que cette personne ressent, ce qu'elle croit, toutes les suppositions qu'elle fait. Vous ne connaissez rien de cette personne. Voilà la vérité. Mais que fait-on ? On s'efforce d'être responsable de l'autre moitié, et voilà pourquoi les relations en enfer sont fondées sur la peur, les drames et les guerres de pouvoir.

Si nous sommes mêlés à une guerre de pouvoir, c'est parce que nous n'avons aucun respect. La vérité est que nous n'aimons pas. Notre manière d'agir est déterminée par l'égoïsme, non pas par l'amour ; elle a pour seul but de nous faire obtenir les petites doses d'amour qui nous font nous sentir bien. Lorsque nous manquons de respect, il y a forcément une guerre de pouvoir, puisque chacun se sent responsable de l'autre. Puisque je ne vous respecte pas, il faut que je vous contrôle. Je dois être responsable de vous, parce que, quoi qu'il vous arrive, cela me fait mal et je veux éviter la douleur. Voilà pourquoi, quand je vois que vous n'agissez pas de façon responsable, je vous secoue pour tenter de vous responsabiliser d'après mon point de vue personnel. Cela ne signifie pas que j'aie raison.

Voilà ce qui se produit lorsqu'on se trouve sur la voie de la peur. Étant donné qu'il n'y a aucun respect, j'agis comme si vous n'étiez pas assez intelligent, pas assez doué pour savoir ce qui est bon ou pas pour vous. Je suppose que vous n'êtes pas assez fort pour affronter certaines situations et vous en sortir. Je dois donc vous contrôler et vous dire : « *Laisse-moi faire ceci pour toi* » ou « *Ne fais pas cela.* » J'essaie de supprimer votre moitié de notre relation et de la contrôler totalement. Mais si je contrôle toute la relation, que reste-t-il de votre contribution ? Cela ne marche pas.

Lorsque les deux moitiés d'une relation sont présentes, on peut partager, être heureux, créer le rêve le plus merveilleux ensemble. Mais l'autre moitié a toujours son propre rêve, sa propre volonté, de sorte qu'on ne peut jamais contrôler ce rêve quelle que soit l'énergie qu'on y mette. On a donc le choix : soit créer des conflits et déclencher une guerre de pouvoir, soit devenir partenaires de jeu et former une équipe. Les partenaires d'une même équipe jouent ensemble et non l'un contre l'autre. Si vous jouez au tennis, vous avez un partenaire, vous formez une équipe et vous ne vous faites jamais de tort. Même si vous jouez les deux de façon différente, vous avez le même but : passer un bon moment ensemble, jouer en partenaires. Si vous tombiez sur un partenaire qui veuille contrôler votre jeu et qui vous dise : « *Non, ne joue pas comme cela ; joue comme ceci. Non, ton coup n'est pas bon !* », vous n'auriez plus aucun plaisir. Vous finiriez par ne plus vouloir jouer avec lui. Au lieu de former une équipe avec vous, ce partenaire tenterait de contrôler votre façon de jouer. Or, sans la notion d'équipe, il y a toujours des conflits. Si vous voyez votre partenariat, votre relation d'amour, comme une équipe, tout commencera à s'améliorer. Dans une relation, tout comme dans un jeu, il ne s'agit pas de gagner ou de perdre. Vous jouez pour vous amuser.

- **Dans la voie de l'amour, vous donnez plus que vous ne prenez.** Et bien entendu, vous vous aimez tellement que vous ne permettez pas à des gens égoïstes de profiter de vous. Vous ne cherchez pas la revanche, mais vous êtes clair dans votre façon de communiquer. Vous êtes capable de dire : « *Je n'aime pas que tu essaies d'abuser de moi, je n'aime pas que tu me manques de respect, que tu sois désagréable envers moi. Je n'ai pas besoin que quelqu'un me maltraite verbalement, émotionnellement ou* *physiquement. Je n'ai pas besoin de t'entendre jurer tout le temps. Je ne suis pas meilleur que toi, mais j'aime la beauté. J'aime rire et m'amuser. J'aime aimer. Ce n'est pas que je sois égoïste, mais je n'ai pas besoin d'une grosse victime à côté de moi. Cela ne veut pas dire que je ne t'aime pas, mais je ne suis pas responsable de ton rêve. Si tu veux être en relation avec moi, ton Parasite va en souffrir, parce que je ne réagirai pas du tout à tes attitudes ni à tes propos orduriers. »* Agir ainsi n'est pas égoïste ; c'est une preuve d'amour envers soi. L'égoïsme, la volonté de contrôler et la peur rompront presque toutes les relations. La générosité, la liberté et l'amour créeront les plus belles relations : ce seront des romances sans fin.

La maîtrise d'une relation ne concerne que vous. La première étape est de comprendre que chacun rêve son propre rêve. Sachant cela, vous pouvez être responsable de votre moitié de la relation, c'est-à-dire de vous-même. Si vous savez que vous n'êtes responsable que de cette moitié, il est facile de la contrôler. Le contrôle de l'autre moitié ne vous revient pas. Si nous faisons preuve de respect, nous savons que notre partenaire, notre ami, notre fils ou notre mère sont totalement responsables de leur propre moitié de la relation que nous avons avec eux. Si nous respectons les autres moitiés, nos relations seront toujours empreintes de paix. Il n'y aura pas de guerre.

Puis, si vous savez ce que sont l'amour et la peur, vous pouvez devenir conscient de la façon dont vous communiquez votre rêve aux autres. La qualité de votre communication dépend des choix faits à chaque instant, selon que vous réglez votre corps émotionnel sur la fréquence de l'amour ou de la peur. Si vous constatez que vous êtes dans la voie de la peur, cette simple prise de conscience peut transférer votre attention sur la voie de l'amour. Rien qu'en voyant où vous êtes et en modifiant votre attention, tout changera autour de vous.

Enfin, vous deviendrez conscient que personne ne peut vous rendre heureux et que le bonheur provient de l'amour que vous exprimez : c'est là la plus grande maîtrise des Toltèques, la Maîtrise de l'Amour.

On peut parler d'amour et écrire des milliers de livres à ce sujet, mais l'amour est différent pour chacun de nous, parce qu'il doit être vécu. L'amour n'est pas affaire de concepts ; l'amour est action. Et l'amour en action ne peut que produire du bonheur. Tandis que la peur en action ne peut que générer de la souffrance.

La seule façon de maîtriser l'amour est de le pratiquer. Vous n'avez pas à justifier votre amour, ni à l'expliquer ; vous n'avez qu'à vous exercer à aimer. La pratique conduit à la maîtrise.

5

La relation parfaite

Imaginez une relation parfaite. Vous êtes toujours extrêmement heureux avec votre partenaire, parce que vous vivez avec l'homme ou la femme parfait(e) pour vous. Comment décririez-vous votre vie en compagnie de cette personne ?

En fait, la relation que vous aurez avec elle sera exactement comme celle que vous pourriez avoir avec un chien. Quoi que vous tentiez de faire, un chien est un chien ; il restera toujours un chien. Vous n'en ferez pas un chat ni un cheval ; il est ce qu'il est.

Accepter cela dans vos relations avec des êtres humains est très important. Vous ne pouvez pas changer les autres. Aimez-les tels qu'ils sont ou ne les aimez pas. Acceptez-les comme ils sont ou ne les acceptez pas. Essayer de les changer, pour les faire correspondre à ce que vous voudriez qu'ils soient revient à vouloir changer un chien en chat ou un chat en cheval. Ce qu'ils sont est un fait. Ils sont ce qu'ils sont ; vous êtes ce que vous êtes. Vous dansez ou vous ne dansez pas. Il vous faut être totalement honnête avec vous-même : dites ce que vous voulez et voyez si vous avez envie de danser ou non. Vous devez bien comprendre ce point parce qu'il est essentiel. Si vous saisissez vraiment cela, vous aurez des chances de voir ce qui est vrai chez les autres et non pas seulement ce que vous avez envie de voir.

Si vous possédez un chien ou un chat, pensez à la relation que vous avez avec cet animal. Imaginons par exemple votre relation à votre chien. Il sait comment établir une relation parfaite avec vous. Lorsqu'il se comporte mal, que faites-vous ? Lui ne se soucie pas de ce que vous faites ; il vous aime, tout simplement. Il n'a pas d'attentes. N'est-ce pas merveilleux ? Mais qu'en est-il de votre petite amie, de votre copain, de votre mari ou de votre femme ? Eux, ils ont plein d'attentes et celles-ci changent tout le temps.

Le chien est responsable de sa moitié de relation qu'il a avec vous. Une moitié de cette relation est donc tout à fait normale : celle du chien. Lorsque vous rentrez à la maison, il aboie, il agite la queue, il halète parce qu'il est heureux de vous voir. Il joue très bien son rôle et vous savez que c'est un chien parfait. Votre rôle est aussi presque parfait. Vous assumez vos responsabilités : vous le nourrissez, vous en prenez soin, vous jouez avec lui. Vous l'aimez sans conditions ; vous feriez presque n'importe quoi pour votre chien. Vous assumez votre rôle parfaitement et lui, le sien.

La plupart des gens n'ont aucun mal à concevoir ce genre de relation avec leur animal, mais pourquoi pas avec un être humain ? Connaissez-vous un homme ou une femme qui ne soit parfait(e) ? Le chien est un chien et cela ne vous pose aucun problème. Vous n'avez pas besoin d'être responsable de lui pour en faire un chien. Lui non plus n'essaie pas de faire de vous un bon humain ou un bon maître. Alors, pourquoi sommes-nous incapables de permettre à une femme d'être une femme, ou à un homme d'être un homme ; de les aimer tels qu'ils sont sans vouloir les changer ?

Vous vous dites peut-être : « *Oui, mais qu'en est-il si je ne suis pas avec la bonne personne ?* » C'est effectivement une question capitale. Bien sûr, vous devez choisir l'homme ou la femme qui vous convient. Quel est l'homme parfait ou la femme parfaite pour vous ? Celui ou celle qui a envie d'aller dans la même direction que vous, qui est compatible avec vos valeurs et vos opinions sur les plans émotionnel, physique, économique et spirituel.

Comment savoir si votre partenaire est celui qui vous convient ? Imaginons que vous êtes un homme et qu'une femme doive vous choisir. Si cent femmes cherchent un homme et que toutes vous considèrent comme un choix possible, pour combien d'entre elles serez-vous l'homme parfait ? Vous n'en savez rien ! Voilà pourquoi vous devez explorer et prendre des risques. Mais je peux vous dire que la femme parfaite pour vous est celle que vous aimez telle qu'elle est, celle que vous n'avez absolument pas besoin de changer. Voilà la femme qu'il vous faut. Et c'est une chance si vous trouvez la femme idéale pour vous et que vous soyez simultanément l'homme idéal pour elle.

Vous êtes son partenaire idéal si elle vous aime exactement comme vous êtes et qu'elle ne cherche pas à vous changer. Elle n'a pas à être responsable de vous ; elle a confiance : vous serez ce que vous prétendez être, conforme à ce que vous projetez de vous-même. Elle peut être aussi honnête que possible et projeter vers vous ce qu'elle est. Elle ne vous abordera pas en prétendant être quelque chose qui s'avérera faux par la suite. Celui ou celle qui vous aime vous aime exactement comme vous êtes. Car si quelqu'un s'efforce de vous changer, cela veut dire que vous n'êtes pas ce qu'il ou elle veut. Alors, pourquoi rester ensemble ?

C'est facile pour vous d'aimer votre chien, car il n'a pas d'opinion sur vous. Il vous aime inconditionnellement. C'est important. Donc, si votre partenaire vous aime tel que vous êtes, c'est exactement comme avec le chien. Vous pouvez être totalement vous-même avec lui ; vous pouvez être un homme ou une femme, tout comme le chien reste un chien avec vous.

Lorsque vous rencontrez une personne, juste après avoir dit « *bonjour* », elle commence tout de suite à émettre des signaux à votre attention. Elle est impatiente de partager son rêve avec vous. Elle s'ouvre, même si elle n'en a pas conscience. Il est si facile de voir chacun tel qu'il est. Vous n'avez pas besoin de vous mentir. Vous voyez clairement ce que vous achetez et soit vous le voulez, soit vous n'en voulez pas. Mais vous ne pouvez pas reprocher à l'autre d'être un chien, un chat ou un cheval. Si vous cherchez un chien, pourquoi acquérir un chat ? Si c'est un chat qu'il vous faut, pourquoi vous encombrer d'un cheval ou d'une poule ?

Savez-vous quel genre d'homme ou de femme vous voulez ? Celui ou celle qui fait chanter votre cœur, qui est en harmonie avec ce que vous êtes, qui vous aime comme vous êtes. Pourquoi vous programmer pour autre chose ? Pourquoi ne pas chercher ce que vous voulez ? Pourquoi essayer de forcer quelqu'un à se conformer à une image qui ne lui correspond pas ? Être sincère ne signifie pas que vous ne l'aimez pas. Cela veut seulement dire que vous effectuez un choix et que vous dites oui ou non, parce que vous vous aimez aussi vous-même. Vous faites un choix et vous en assumez la responsabilité. Par la suite, si ce choix s'avère erroné, inutile de vous en accuser ; faites-en simplement un autre.

Imaginons que vous achetiez un chien alors que vous aimez les chats. Vous voulez que votre chien se comporte comme un chat et vous essayez de le changer parce qu'il ne dit jamais « *Miaou* ». Que faites-vous donc avec un chien ? Procurez-vous un chat ! C'est la seule façon de démarrer une belle relation. D'abord, vous devez savoir ce que vous voulez, comment et quand vous le voulez. Vous devez connaître exactement les besoins de votre corps et de votre esprit, savoir ce qui se marie bien avec vous.

Il existe des millions d'hommes et de femmes ; chaque être est unique. Certains s'entendront bien avec vous, d'autres pas. Vous pouvez aimer tout le monde, mais quand il s'agit de vivre à deux au quotidien, il vous faut quelqu'un qui soit en bonne résonance avec vous. Il n'est pas nécessaire que cette personne soit exactement comme vous ; il suffit que vous deux soyez comme une clé dans sa serrure.

Vous devez être honnête avec vous-même et avec les autres. Projetez de vous-même ce que vous sentez vraiment être et ne prétendez pas être qui vous n'êtes pas. C'est un peu comme au marché : vous devez vous vendre et vous allez aussi acheter. Avant d'acheter, vous voulez vérifier la qualité de ce qui vous intéresse. Mais pour vendre, vous devez montrer aux autres ce que vous êtes. Il ne s'agit pas d'être meilleur ou moins bon que quelqu'un d'autre ; vous n'avez qu'à être vous-même.

Si vous trouvez ce que vous cherchez, pourquoi ne pas prendre un risque ? Mais si vous voyez que ce n'est pas vraiment ce que vous voulez et que vous le prenez quand même, sachez que vous le paierez. N'allez donc pas pleurer : « *Mon partenaire me maltraite* », alors que c'était très clair dès le départ. Ne vous mentez pas. N'inventez pas chez autrui ce qui n'y est pas. Voilà le message. Si vous savez ce que vous voulez, vous découvrirez que c'est comme votre relation avec votre chien, mais en mieux.

Regardez ce qui est devant vous ; ne soyez pas aveugle et ne prétendez pas non plus voir ce qui n'est pas là. Ne niez pas ce que vous voyez dans le seul but d'avoir la marchandise convoitée, alors que celle-ci n'est pas apte à combler vos besoins. Lorsque vous achetez quelque chose dont vous n'avez pas besoin, elle finit à la cave. Il en va de même pour nos relations. Seulement, il faut parfois des années pour apprendre cette leçon douloureuse, mais c'est un bon début. Si le départ est juste, le reste sera plus facile, car vous pourrez être vous-même.

Peut-être êtes-vous déjà bien engagé(e) dans une relation. Si vous décidez de la poursuivre, vous pouvez malgré tout effectuer un nouveau départ en acceptant et en aimant votre partenaire tel qu'il/ elle est. Mais il vous faudra tout d'abord faire un pas en arrière : vous devez vous accepter et vous aimer vous-même tel que vous êtes. Ce n'est qu'ainsi que vous pouvez être et exprimer qui vous êtes.

Une fois que vous vous êtes accepté tel que vous êtes, l'étape suivante consiste à accepter également votre partenaire. Si vous décidez d'être avec une personne, n'essayez surtout pas de la changer. Comme pour votre chien ou votre chat, laissez-la être qui elle est. Elle en a le droit ; elle a le droit d'être libre.

Si vous limitez la liberté de votre partenaire, vous limitez du même coup la vôtre, car vous devez sans arrêt vérifier ce qu'il fait ou non. Mais si vous vous aimez suffisamment, vous ne renoncerez jamais à votre liberté personnelle.

Voyez-vous les possibilités qu'offre une relation ? Explorez-les. Soyez vous-même. Trouvez quelqu'un qui vous convienne. Prenez des risques, mais soyez honnête. Si ça marche, poursuivez. Si ça ne marche pas, faites-vous un cadeau à vous-même et à votre partenaire : quittez-le ; laissez-le partir. Ne soyez pas égoïste. Donnez à votre partenaire la possibilité de trouver ce qu'il veut vraiment et faites de même pour vous-même. Si cela ne marche pas, il vaut mieux chercher dans une autre direction. Si vous ne parvenez pas à aimer votre partenaire tel qu'il est, quelqu'un d'autre y parviendra. Ne perdez pas votre temps, ni celui de votre partenaire. C'est cela le respect.

Si vous êtes le dealer et que votre partenaire est le toxicomane et que ce n'est pas le genre de relation souhaitée, vous serez sans doute plus heureux avec quelqu'un d'autre. Mais si vous décidez de poursuivre malgré tout cette relation, faites de votre mieux[3]. Faites de votre mieux, parce que c'est vous qui en serez récompensé. Si vous parvenez à aimer votre partenaire comme il est, si vous réussissez à lui ouvrir totalement votre cœur, vous pouvez atteindre le paradis grâce à votre amour.

---

[3] « *Faites toujours de votre mieux* » est le quatrième des quatre accords toltèques (NdT).

Si vous avez déjà un chat et que vous voulez un chien, que pouvez-vous faire ? Il vous faut viser un nouveau départ en rompant vos attaches au passé et en recommençant tout dès le début. Vous n'avez pas à rester attaché au passé. Nous sommes tous capables de changer, y compris pour le meilleur. Pardonner tout ce qui a pu se produire entre vous et votre partenaire peut vous donner l'occasion d'un nouveau départ. Lâchez prise, car vos problèmes n'étaient dus qu'à l'égoïsme, à des incompréhensions ou au fait d'avoir été blessé et d'avoir ensuite cherché à être quitte. Quoi qu'il ait pu se produire dans le passé, il ne vaut pas la peine de gâcher l'éventualité d'atteindre le paradis grâce à une relation. Ayez le courage de vous investir à 100 % ou lâchez prise. Lâchez prise du passé et démarrez chaque journée avec un niveau d'amour plus élevé. Ainsi, le feu sera maintenu et fera croître votre amour de plus en plus.

Dans votre relation avec votre chien, vous pouvez avoir des mauvais moments. Quelle qu'en soit la raison, cela arrive : un accident, une mauvaise journée au travail ou autre chose. Vous rentrez chez vous, le chien aboie, agite sa queue, attire votre attention. Vous n'avez pas envie de jouer avec lui, mais il est quand même là. Il ne se sentira pas blessé si vous ne jouez pas avec lui ; il n'en fera pas une affaire personnelle. Après avoir manifesté sa joie à votre arrivée, puis découvert que vous ne voulez pas jouer, il s'en ira et jouera tout seul. Il n'insistera pas pour que vous soyez heureux.

Parfois, on peut se sentir davantage soutenu par son animal que par un partenaire qui veut à tout prix notre bonheur. Si vous n'avez pas envie d'être heureux, que vous souhaitez seulement être tranquille, cela ne concerne pas votre partenaire, aussi ne doit-il pas en faire une affaire personnelle. Peut-être avez-vous simplement un problème et envie d'être seul. Mais votre silence peut conduire votre partenaire à faire plein de suppositions[4] : « *Qu'est-ce que j'ai bien pu faire ? C'est encore à cause de moi.* » En réalité, ça n'a rien à voir avec lui ; ce n'est pas personnel. Si on vous laisse tranquille, cette tension s'en ira et vous serez à nouveau heureux.

Voilà pourquoi la clé doit correspondre à la serrure, car si l'un d'entre vous traverse une mauvaise période ou une crise émotionnelle, vous devez avoir un accord entre vous vous permettant mutuellement d'être ce que vous êtes. Alors, votre relation sera toute différente ; vous découvrirez une autre façon d'être et toute l'aventure pourra être très belle.

Le relationnel est tout un art. En effet, un rêve créé à deux est plus difficile à maîtriser qu'un autre que l'on fait seul. Pour que vous restiez heureux tous les deux, il vous faut donc entretenir parfaitement votre moitié de la relation. Vous êtes responsable de cette moitié-là qui inclut une certaine quantité de déchets ; ce sont les vôtres ! Vous devez donc vous en occuper et non

---

[4] « *Ne faites aucune supposition* » est le troisième des quatre accords toltèques (NdT).

votre partenaire. S'il essaie de nettoyer vos saletés, il se cassera le nez. Nous devons apprendre à ne pas fourrer notre nez là où personne n'en veut.

La même chose vaut pour l'autre moitié de la relation, celle de votre partenaire. Lui aussi a ses déchets. Sachant cela, vous le laissez s'en occuper lui-même. Vous l'aimerez et l'accepterez avec toutes ses poubelles. Vous respecterez ses ordures. Vous n'êtes pas dans cette relation pour nettoyer ses saletés ; il s'en chargera tout seul.

Même si votre partenaire vous demande votre aide, vous avez le choix de lui dire non. Si vous le faites, ça ne signifie pas que vous ne l'aimez pas ou que vous ne l'acceptez pas ; cela veut simplement dire que vous n'êtes pas capable ou que vous n'avez pas envie de jouer à ce jeu-là. Par exemple, si votre partenaire se fâche, vous pouvez lui dire : « *Tu as le droit d'être en colère, mais moi, je n'ai pas à me fâcher parce que tu es énervé(e). Je n'ai rien fait qui soit la cause de ton énervement.* » Vous n'avez pas à accepter sa colère, mais vous pouvez lui permettre de la manifester. Il n'est pas utile d'argumenter ; permettez-lui simplement d'être ce qu'il est, de guérir sans votre intervention. Et vous pouvez aussi vous mettre d'accord pour qu'il n'intervienne pas non plus dans vos propres processus de guérison.

Imaginons que vous êtes un homme heureux et que, pour une raison ou une autre, votre partenaire n'arrive pas à être heureuse. Elle a des problèmes personnels ; elle est confrontée à ses déchets et elle est triste. Comme vous l'aimez, vous allez la soutenir, ce qui ne signifie pas que vous devez vous rendre malheureux sous prétexte qu'elle n'est pas heureuse. Ainsi, vous ne lui offrirez pas votre soutien. Si elle est malheureuse et que vous devenez comme elle, vous plongerez tous les deux. En revanche, si vous êtes heureux, votre bonheur peut l'aider à s'épanouir.

De manière analogue, si vous êtes au fond du trou et qu'elle est heureuse, son bonheur vous servira de soutien. Dans votre intérêt, laissez-la être heureuse ; n'essayez surtout pas de lui faire perdre son bonheur. Quoi qu'il arrive au travail, ne projetez pas votre poison sur elle quand vous rentrez à la maison. Gardez le silence, faites-lui comprendre que ça n'a rien à voir avec elle, que vous êtes simplement confronté à vous-même. Vous pouvez lui dire : « *Reste heureuse et amuse-toi, je te rejoindrai dès que je serai en mesure de savourer ton bonheur. Pour l'instant, j'ai besoin d'être seul.* »

Si vous avez compris le concept de l'esprit blessé, vous comprendrez également pourquoi les relations romantiques sont si difficiles. Le corps émotionnel est malade. Il est couvert de plaies ; il est plein de poison. Si on n'est pas conscient d'être malade ou que son partenaire est malade, on devient égoïste. Nos plaies nous font souffrir, alors on cherche à se protéger, même de la personne aimée. En revanche, si on en est conscient, on peut conclure d'autres accords. Lorsqu'on a conscience que notre partenaire a des plaies émotionnelles et qu'on l'aime, on veille à ne pas toucher ces plaies. On ne cherche pas à l'inciter à tout prix à les soigner, pas plus qu'on ne voudrait qu'il nous incite à soigner les nôtres.

Prenez le risque d'assumer la responsabilité de conclure un nouvel accord avec votre partenaire : non pas un accord que vous auriez lu dans un livre, mais un accord personnel. S'il ne fonctionne pas, changez-le et créez-en un autre. Utilisez votre imagination pour explorer de nouvelles possibilités, pour créer de nouveaux accords fondés sur le respect et l'amour. Communiquer avec respect et amour, c'est là la clé pour garder l'amour en vie et ne jamais se lasser d'une relation. Il s'agit de trouver votre voie et d'exprimer vos besoins. Il s'agit d'avoir confiance en vous et en votre partenaire.

Ce ne sont pas vos déchets que vous partagerez avec lui, mais votre amour, votre romance, votre compréhension. Le but, pour vous deux, est d'être de plus en plus heureux, ce qui exige de plus en plus d'amour. Vous êtes un homme ou une femme parfait(e) et votre partenaire est aussi parfait, tout comme le chien est un chien parfait. Si vous traitez votre partenaire avec amour et respect, qui en bénéficiera ? Vous et personne d'autre.

Guérissez votre moitié de la relation et vous serez heureux. Si vous parvenez à soigner cette part de vous-même, vous serez alors prêt pour une relation sans peurs, sans besoins. Mais rappelez-vous que vous ne pouvez guérir que votre moitié de vos relations. Si vous travaillez sur votre moitié relationnelle et votre partenaire sur la sienne, vous verrez à quelle vitesse les progrès se feront. L'amour est ce qui vous rend heureux, et si vous et votre partenaire en devenez les serviteurs, toutes les possibilités vous seront ouvertes. Un jour viendra où vous pourrez être en compagnie de votre partenaire sans culpabilité, sans reproches, sans colère et sans tristesse. Ce jour-là sera merveilleux : vous pourrez alors être totalement ouvert sans autre envie que de partager, de servir et de donner votre amour.

Une fois prise la décision de former un couple, vous êtes là pour servir celui ou celle que vous aimez, que vous avez choisi(e). Vous deviendrez les serviteurs l'un de l'autre, offrant votre amour à l'élu(e) de votre cœur. À chaque baiser, à chaque caresse, vous sentirez que vous n'êtes là que pour plaire à votre amour sans rien attendre en retour. Plus que de sexe, c'est d'être ensemble qu'il s'agit. La sexualité aussi deviendra merveilleuse, mais elle sera complètement différente de ce que nous connaissons d'habitude. Ce sera une communion, un abandon total, une danse, un art, l'expression suprême de la beauté.

Vous pouvez conclure un accord qui stipule ceci : *« Je t'aime ; tu es merveilleux(se) et je me sens bien avec toi. J'apporterai des fleurs, tu apporteras de la musique douce. Nous danserons et nous nous élèverons jusque dans les nuages. »* C'est beau, c'est merveilleux, c'est romantique. Il ne s'agit plus de contrôler, mais de servir. Mais vous ne pouvez faire cela que si l'amour que vous avez pour vous-même est très fort.

6

La cuisine magique

Imaginez que vous possédez une cuisine magique chez vous. Dans cette cuisine magique, vous pouvez avoir la quantité que vous voulez de n'importe quelle nourriture au monde. Vous ne vous inquiétez jamais de savoir quoi manger ; quoi que vous puissiez souhaiter, vous l'aurez sur votre table. Vous êtes bien sûr très généreux avec vos aliments. Vous en distribuez sans conditions à chacun, sans attente de recevoir quelque chose en retour. Quels que soient vos visiteurs, vous les nourrissez par plaisir de partager vos ressources alimentaires. Votre maison est ainsi toujours pleine de gens qui viennent déguster votre cuisine magique.

Puis, un jour, quelqu'un frappe à votre porte, tenant une pizza dans les mains. Vous ouvrez et il vous regarde en disant : « *Hé ! Tu as vu cette pizza ? Je te la donne si tu me laisses contrôler ta vie, si tu fais exactement ce que je veux. Tu n'auras jamais faim, car je t'apporterai des pizzas tous les jours. Tout ce que tu as à faire, c'est d'être bon envers moi.* »

Vous imaginez votre réaction ? Dans votre propre cuisine, vous pouvez avoir la même pizza, voire une meilleure. Et cette personne vient chez vous et vous offre de la nourriture si vous faites exactement ce qu'elle veut. Voilà qui vous fait éclater de rire. Vous lui répondrez : « *Non, merci ! Je n'ai pas besoin de ta nourriture ; j'en ai plein. Viens, toi, dans ma maison et mange ce que tu veux. Je ne te demande rien en échange. Mais ne t'imagine pas que je vais faire ce que tu désires : personne ne me manipulera pour de la nourriture.* »

Imaginez maintenant la situation inverse. Plusieurs semaines se sont écoulées et vous n'avez rien mangé. Vous mourrez de faim, mais vous n'avez pas un sou pour vous acheter à manger. Le même individu vient avec sa pizza et vous dit : « *Hé ! Voilà à manger. C'est pour toi, à condition que tu fasses ce que je veux.* » Vous sentez l'odeur de la pizza et vous êtes affamé. Vous décidez d'accepter la nourriture et de faire ce que ce type vous demande. Vous mangez un peu, puis il vous dit : « *Si tu en veux plus, tu peux en avoir, mais il faut que tu continues à faire ce que je veux.* » Aujourd'hui, vous avez eu à manger, mais demain peut-être pas, alors vous acceptez de faire tout ce que vous pouvez pour assurer votre subsistance. Vous devenez alors un esclave pour de la nourriture ; vous en avez besoin puisque vous n'en avez pas vous-même. Puis, au bout d'un certain temps, vous vous mettez à avoir des craintes. Vous vous dites : « *Que vais-je faire sans pizza ? Je ne peux pas vivre sans me nourrir. Et si mon partenaire décidait de donner la pizza à quelqu'un d'autre ? Ma pizza ?* »

Imaginez maintenant que nous parlions d'amour au lieu de parler de nourriture. Votre cœur est débordant d'amour non seulement pour vous-même, mais pour le monde entier. Vous aimez tellement que vous n'avez besoin de l'amour de personne. Vous partagez votre amour sans conditions : vous n'aimez pas « *si* »…. Vous êtes millionnaire en amour. Et voilà que quelqu'un frappe à votre porte et vous dit : « *Hé ! J'ai de l'amour pour toi. Je te le donne si tu fais ce que je veux.* »

Quelle sera votre réaction si vous êtes plein d'amour ? Vous rirez et lui répondrez : « *Merci, mais je n'ai pas besoin de ton amour. J'ai le même ici dans mon cœur, en plus grand et en mieux, et je le partage sans conditions.* »

Mais que se passerait-il si vous étiez totalement carencé en amour, si vous n'aviez aucun amour dans votre cœur et que quelqu'un vous dise : « *Tu veux un peu d'amour ? Je te donne le mien si tu fais ce que je veux.* » Si vous ressentiez un tel manque d'amour et que vous sentiez celui de cette personne, vous feriez tout ce que vous pourriez pour l'obtenir. Seriez-vous prêt à vendre votre âme pour un peu d'attention ?

Votre cœur est semblable à cette cuisine magique. Si vous l'ouvrez, vous y trouverez tout l'amour dont vous avez besoin. Il est inutile de parcourir le monde pour quémander de l'amour en disant : « *S'il vous plaît, aimez-moi. Je suis si seul, je ne mérite pas d'être aimé ; j'ai besoin qu'on m'aime pour prouver que je suis digne d'être aimé.* » Notre amour est là, en nous, mais nous ne le voyons pas.

Êtes-vous capable de voir tous les drames que les humains créent lorsqu'ils croient ne pas avoir d'amour ? Ils sont totalement carencés en amour et lorsqu'ils en ont un avant-goût grâce à quelqu'un, cela crée en eux un besoin immense jusqu'à devenir une obsession. Puis le drame arrive : « *Que vais-je faire si mon partenaire me quitte ?* » – « *Comment vais-je vivre sans lui ?* », se demandent-ils. Ils ne peuvent vivre sans leur dealer, celui qui leur donne leur dose quotidienne. Et pour ce petit brin d'amour dont ils sont affamés, ils permettent à autrui de contrôler leur vie. Ils laissent quelqu'un d'autre leur dire que faire ou ne pas faire, comment s'habiller, comment se comporter, que croire ou non. « *Je t'aime si tu te comportes comme ceci. Je t'aime si tu me laisses contrôler ta vie. Je t'aime si tu es bon envers moi. Sinon, oublie !* »

Le problème des humains est qu'ils ignorent tout de la cuisine magique installée dans leurs cœurs. Toute notre souffrance a débuté parce qu'il y a longtemps, nous avons fermé nos cœurs ; ainsi, nous ne sentons plus l'amour qui s'y trouve. À un certain moment de notre vie, nous avons eu peur d'aimer parce que nous croyions que l'amour était injuste, qu'il faisait mal. Nous avons essayé de nous montrer à la hauteur de telle ou telle personne, de nous faire accepter, mais sans succès. Ainsi, nous avons déjà eu deux ou trois histoires d'amour et le cœur plusieurs fois brisé. Aimer à nouveau serait prendre un trop grand risque.

Évidemment, nous nous jugeons nous-mêmes au point de ne plus pouvoir nous aimer. Et sans amour pour nous-mêmes, comment pouvons-nous partager notre amour avec autrui ?

En débutant une relation, on devient égoïste parce qu'on est dans le besoin. Tout tourne autour de soi. On devient d'ailleurs tellement égoïste qu'on désire que le partenaire soit autant dans le besoin que soi. On veut « *quelqu'un qui a besoin de moi* », de manière à justifier son existence, à sentir qu'on a une raison d'être. On croit rechercher l'amour, mais en réalité, on cherche quelqu'un qui a besoin de nous, quelqu'un qu'on peut contrôler et manipuler.

Une guerre de pouvoir sévit dans les relations humaines parce qu'on nous a dressés à nous battre pour gagner le contrôle de l'attention. Ce que nous nommons « *amour* » – quelqu'un qui a besoin de moi, qui se soucie de moi – n'en est pas : c'est de l'égoïsme. Comment cela pourrait-il marcher ? L'égoïsme ne marche pas parce qu'il ne comporte pas d'amour. Les deux partenaires sont en manque. Au cours de leurs relations sexuelles, ils goûtent un peu à l'amour et ils en deviennent dépendants tellement ils sont en manque. Mais tous leurs jugements sont encore présents. Toutes leurs peurs. Tous leurs reproches. Tous leurs drames.

Alors nous sollicitons des conseils sur l'amour et la sexualité. Tant de livres ont été écrits à ce propos, que l'on pourrait d'ailleurs tous intituler *L'art d'être sexuellement égoïste*. L'intention est bonne, mais où est l'amour ? Ces livres ne parlent pas de comment apprendre à aimer, car il n'y a rien à apprendre sur l'amour. Tout est déjà inscrit dans nos gènes, dans notre nature. Nous n'avons rien à apprendre, sinon ce que nous inventons nous-mêmes dans ce monde d'illusions. Nous cherchons l'amour hors de nous alors qu'il est présent tout autour de nous. L'amour est partout, mais nous n'avons pas d'yeux pour le voir. Notre corps émotionnel n'est plus réglé sur sa fréquence.

On a peur d'aimer car c'est devenu dangereux. La peur du rejet nous terrorise. On s'oblige d'être quelqu'un que l'on n'est pas ; on s'efforce de se faire accepter par son partenaire alors qu'on ne s'accepte pas soi-même. Mais le problème n'est pas que notre partenaire nous rejette, c'est qu'on se rejette soi-même parce qu'on n'est pas à la hauteur, parce que c'est ce que l'on croit.

Le rejet de soi est le problème principal. Vous ne serez jamais à la hauteur puisque l'idée de perfection que vous cultivez est complètement fausse. C'est un concept faux, qui n'est même pas réel, mais vous y croyez. Alors, faute d'être parfait, vous vous rejetez. Et votre niveau de rejet de soi dépend de la force avec laquelle les adultes ont réussi à briser votre intégrité.

Au terme de la domestication[5], il ne s'agit plus d'être à la hauteur de l'opinion des autres. On n'est même plus à la hauteur par rapport à soi-même, car le grand Juge est toujours là pour nous rappeler que nous ne sommes pas parfaits. Comme je l'ai dit précédemment, vous n'arrivez pas à vous pardonner de ne pas être ce que vous voudriez être, et c'est cela le vrai problème. Si vous pouvez changer cet aspect, vous aurez réglé votre moitié de chacune de vos relations. Les autres moitiés ne vous concernent pas.

Si vous dites à quelqu'un que vous l'aimez et qu'il vous répond : « *Eh bien moi, je ne t'aime pas* », est-ce une raison de souffrir ? Ce n'est pas parce que quelqu'un vous rejette que vous devez faire pareil avec vous-même. Si telle personne ne vous aime pas, une autre vous aimera. Il y a toujours quelqu'un d'autre. Et il est préférable d'être avec un partenaire qui veut être avec vous plutôt qu'avec un autre qui se sent obligé.

Concentrez-vous sur la relation la plus merveilleuse que vous puissiez avoir : celle que vous avez avec vous-même. Il ne s'agit pas d'être égoïste, mais de s'aimer soi-même. Ce n'est pas la même chose. *Vous êtes égoïste précisément parce que vous ne vous aimez pas.* Plus vous vous aimez, plus l'amour se développera. Alors, lorsque vous débuterez une relation, ce ne sera pas par besoin d'être aimé ; ce sera un choix.

---

[5] « *Le processus de domestication et le rêve de la planète* », dans *Les quatre accords toltèques*, du même auteur.

Vous pourrez choisir telle personne si vous le voulez et que vous voyez vraiment qui elle est. Lorsque vous n'avez pas besoin de son amour, vous n'avez plus à vous mentir. Vous êtes complet. Lorsque l'amour sort de vous, vous n'avez plus à en chercher de peur d'être seul. Lorsque vous avez tant d'amour pour vous-même, être seul n'est plus un problème. Vous êtes heureux d'être seul et vous appréciez aussi le partage.

Si je vous aime et que nous sortons ensemble, est-ce parce que nous voulons être jaloux l'un de l'autre, parce que j'ai besoin de vous contrôler ou vous de me contrôler ? Si cela doit se passer ainsi, ce n'est pas drôle. Si je dois être critiqué ou jugé, si je dois me sentir mal, alors non, merci. Si c'est pour souffrir, autant rester seul. Est-ce que les gens se mettent ensemble pour vivre des drames, pour se posséder l'un l'autre, pour se punir, pour être sauvé ? Est-ce vraiment là la raison d'être d'une relation ? Bien sûr, tous ces choix coexistent. Mais que cherchons-nous vraiment ?

Enfant, lorsqu'on a cinq, six ou sept ans, on est attiré par d'autres enfants, par envie de jouer et de s'amuser. On ne reste pas avec un autre enfant pour se battre ou se créer des ennuis. Cela peut arriver, mais ça ne dure pas longtemps. On ne fait que jouer et jouer. Lorsqu'on s'ennuie, on change de jeu, on change les règles ; on ne cesse d'explorer.

Si vous commencez un partenariat dans le but de vivre des drames, d'être jaloux ou possessif ou pour contrôler la vie de votre partenaire, ce n'est pas le plaisir que vous cherchez, mais la souffrance. Et c'est exactement ce que vous allez trouver. Si vous débutez une relation par égoïsme, avec l'idée que votre partenaire vous rendra heureux, cela ne se produira pas. Et ce ne sera pas sa faute, mais la vôtre.

Si on démarre une relation, quelle qu'elle soit, c'est par envie de partager, d'avoir du plaisir, de s'amuser et non pas pour s'ennuyer. Si on cherche un partenaire, c'est par envie de jouer, d'être heureux et de savourer ce que nous sommes. On ne choisit pas un partenaire, qu'on prétend aimer, pour ensuite déverser sur lui tous ses déchets et lui projeter toute sa jalousie, toute sa colère et tout son égoïsme. Comment quelqu'un peut-il vous dire « *Je t'aime* », puis vous maltraiter, abuser de vous, vous humilier et vous manquer de respect ? Il peut prétendre vous aimer, mais est-ce vraiment de l'amour ? Si nous aimons, nous voulons le meilleur pour ceux que nous aimons. Pourquoi déverser nos déchets sur nos enfants ? Pourquoi les maltraiter sous prétexte que nous sommes pleins de peurs et de poison émotionnel ? Pourquoi reprocher nos propres poubelles à nos parents ?

Les gens apprennent à fermer leur cœur et à devenir très égoïstes. Ils sont assoiffés d'amour, mais ignorent que leur cœur est une cuisine magique. Votre cœur est une cuisine magique. Ouvrez-le. Ouvrez votre cuisine magique et refusez de parcourir le monde en quête d'amour. Votre cœur contient tout l'amour dont vous avez besoin. Il peut créer n'importe quelle quantité d'amour, non seulement pour vous, mais pour le monde entier. Vous pouvez donner votre amour sans conditions ; vous pouvez être généreux en amour parce que vous possédez une cuisine magique dans votre cœur. Alors, tous ceux qui sont assoiffés d'amour et qui croient que leur cœur est fermé voudront toujours être auprès de vous, pour bénéficier de votre amour.

C'est l'amour que vous exprimez qui vous rend heureux. Et si vous êtes généreux en amour, tout le monde vous aimera. Vous ne serez alors jamais seul. En revanche, si vous êtes égoïste, vous serez toujours seul et vous ne pourrez vous en prendre qu'à vous-même. Votre générosité – et non votre égoïsme – ouvrira toutes les portes.

L'égoïsme vient de la pauvreté du cœur, de la croyance que l'amour n'est pas abondant. On devient égoïste lorsqu'on croit que demain, peut-être, on n'aura pas de pizza. Mais lorsqu'on sait que notre cœur est une cuisine magique, on est toujours généreux et notre amour est totalement inconditionnel.

7

Le maître du rêve

C hacune de vos relations peut être guérie, chacune d'elles peut être merveilleuse, mais ce processus de guérison commence toujours par vous. Vous devez avoir le courage d'utiliser la vérité, de vous parler franchement, d'être totalement honnête avec vous-même. Vous n'êtes peut-être pas obligé d'être honnête avec le monde entier, mais vous pouvez l'être avec vous-même. Vous ne pouvez peut-être pas contrôler tout ce qui se produit autour de vous, mais en tout cas vos propres réactions. Ces dernières guideront le rêve de votre vie, votre rêve personnel. Ce sont vos réactions qui vous rendent heureux ou malheureux. Elles sont la clé d'une vie merveilleuse. Si vous êtes capable d'apprendre à contrôler vos réactions, vous pouvez changer vos habitudes et donc modifier votre vie.

Vous êtes responsable des conséquences de tout ce que vous faites, pensez, dites et ressentez. Peut-être avez-vous du mal à déterminer quelles actions ont provoqué telles conséquences – quelles émotions, quelles pensées – mais vous les voyez bien : soit vous en souffriez, soit vous en bénéficiiez. C'est en faisant des choix que vous contrôlez votre rêve personnel. Vous devez tout d'abord déterminer si vous aimez ou non les conséquences de vos choix. Si vous appréciez telle conséquence, continuez d'agir comme vous le faisiez ; c'est parfait. Mais si vous n'aimez pas ce qui arrive dans votre vie, si vous n'appréciez pas votre rêve, essayez de trouver ce qui provoque ces conséquences indésirables. Voilà comment transformer votre rêve.

Votre vie est la manifestation de votre rêve personnel. Si vous arrivez à transformer le programme de ce rêve, vous deviendrez un maître du rêve. Un tel maître fait un chef-d'œuvre de sa vie. Mais c'est un grand défi que de parvenir à maîtriser le rêve, parce que les humains sont généralement esclaves de leurs rêves. La manière dont ils apprennent à rêver est préétablie. Compte tenu de toutes nos croyances qui nous font croire que rien n'est possible, il est difficile d'échapper au Rêve de la Peur. Pour se réveiller du Rêve, il faut savoir le maîtriser.

Voilà pourquoi les Toltèques ont créé la Maîtrise de la Transformation, afin de se libérer du vieux

Rêve et d'en créer un nouveau où tout est possible, y compris d'échapper au Rêve.

Dans la Maîtrise de la Transformation, les Toltèques classent les gens en Rêveurs et en Traqueurs. Les Rêveurs savent que le rêve est une illusion et ils jouent dans ce monde d'illusions, conscients que c'en est une. Les Traqueurs, eux, sont comme le tigre ou le jaguar, traquant chaque action et chaque réaction.

Vous devez traquer la moindre de vos réactions ; vous devez travailler sur vous-même à chaque instant. Cela demande beaucoup de temps et de courage, parce qu'il est toujours plus facile de faire une affaire personnelle de tout ce qui nous arrive et de réagir de la façon habituelle. C'est cela qui nous pousse à commettre de nombreuses erreurs, à souffrir beaucoup, parce que nos réactions ne font que produire davantage de poison émotionnel et de drames.

Si vous parvenez à contrôler vos réactions, vous découvrirez bientôt que vous réussissez à voir – ou à percevoir – les choses telles qu'elles sont vraiment. Normalement, l'esprit perçoit les choses telles qu'elles sont, mais en raison de toutes nos programmations et croyances, nous interprétons tout ce que nous percevons, ce que nous entendons et, surtout, ce que nous voyons.

Il y a une énorme différence entre voir comme voient les gens dans le Rêve et voir sans jugement, voir le monde tel qu'il est. La différence se situe dans la manière dont votre corps émotionnel réagit à ce que vous percevez. Par exemple, si vous marchez dans la rue et qu'un inconnu vous dit « *Vous êtes stupide* » et qu'il s'en va, vous pouvez percevoir cette remarque et y réagir de nombreuses manières. Vous pouvez accepter ce que cette personne vous a dit et penser : « *Oui, je dois vraiment être stupide.* » Vous pouvez vous mettre en colère ou vous sentir humilié, ou encore ignorer ce qui vous a été dit.

La vérité, c'est que celui qui vous a insulté est confronté à son propre poison émotionnel et qu'il s'en est pris à vous parce que vous êtes la première personne à avoir croisé son chemin. Cela n'a rien à voir avec vous ; il n'y a rien de personnel dans cet incident. Si vous êtes capable de voir cette vérité telle qu'elle est, vous ne réagissez pas.

Vous pouvez vous dire : « *Qu'est-ce que cette personne souffre !* », mais vous n'en faites pas une affaire personnelle. Ceci n'est qu'un exemple, mais le même principe s'applique à presque tout ce qui nous arrive, à chaque instant. Nous avons un petit ego qui prend tout personnellement et qui nous fait réagir de façon excessive. Nous ne voyons pas ce qui se produit réellement, parce que nous réagissons au quart de tour et que nous intégrons ce qui se passe dans notre rêve.

Votre réaction est déterminée par une croyance profondément enfouie en vous. Ce mode réactionnel a été répété des milliers de fois, au point d'être devenu totalement routinier. Vous êtes conditionné à agir d'une certaine manière. *Voilà le défi : changer vos réactions normales, modifier vos habitudes, prendre*

un risque et effectuer des choix différents. Si les conséquences de vos actes, telles que vous les observez dans
votre vie, ne sont pas celles que vous voulez, modifiez
vos choix encore et toujours jusqu'à ce que vous obte-
niez finalement ce que vous voulez.

J'ai dit que nous n'avions pas choisi de subir le
Parasite, c'est-à-dire le Juge, la Victime et le Système de Croyances. Sachant que nous n'avons pas
eu ce choix et conscients que tout cela n'est qu'un
rêve, nous pouvons recouvrer quelque chose de très
important que nous avions perdu et que les religions
appellent le *« libre arbitre »*. Les religions disent
que lorsque les humains ont été créés, Dieu leur
a donné le libre arbitre. C'est vrai, mais le Rêve
nous en a privés parce qu'il contrôle la volonté
de la plupart des humains.

Certains disent : *« Je veux changer, vraiment
changer. Il n'y a pas de raison que je sois si pauvre. Je
suis intelligent. Je mérite une vie heureuse et de gagner
beaucoup plus d'argent que je n'en ai actuellement. »*
Ils le pensent, mais cela reste au niveau intellectuel.
Et que font-ils par la suite ? Ils allument la télévi-
sion et passent des heures et des heures à la regarder.
Quelle est donc la puissance de leur volonté ?

Une fois sa conscience développée, on a le choix.
Si on parvient à conserver cette conscience en permanence, on peut alors changer ses habitudes, ses
réactions et sa vie entière. Une fois conscient, on
peut recouvrer son libre arbitre et lorsqu'on en dispose à nouveau, on peut choisir à tout moment de se

souvenir qui l'on est. Par la suite, même si on l'oublie, on peut renouveler ce choix consciemment. Mais sans conscience, il n'y a pas de choix.

Devenir conscient signifie devenir responsable de sa vie. Vous n'êtes pas responsable de ce qui se passe dans le monde, seulement de vous-même. Vous n'avez pas fait le monde tel qu'il est ; il était déjà ainsi avant que vous ne soyez né. Vous ne vous êtes pas incarné avec la grande mission de sauver le monde ou la société, mais vous êtes certainement venu avec une autre grande mission : celle de vous rendre heureux. Et pour ce faire, vous devez examiner ce que vous croyez, la façon dont vous vous jugez et dont vous jouez à la victime.

Soyez totalement honnête à propos de votre bonheur. Ne projetez pas une image de bonheur factice en disant à tout le monde : « *Regardez-moi ! J'ai réussi dans la vie, j'ai tout ce que je veux, je suis très heureux* », alors que vous ne vous aimez pas.

Tout est là à notre disposition, mais nous devons tout d'abord avoir le courage d'ouvrir les yeux, de nous servir de la vérité et de voir la réalité telle qu'elle est. Les humains sont aveugles parce qu'ils refusent de voir.

Prenons un autre exemple. Une jeune femme rencontre un homme et elle ressent immédiatement une forte attirance pour lui. Ses hormones atteignent rapidement des sommets et elle veut cet homme. Point. Toutes ses copines voient ce qu'est en réalité cet individu. Il se drogue, il ne travaille pas et il a toutes les caractéristiques d'un type à faire souffrir les femmes. Mais elle, elle le regarde et que voit-elle ? Elle ne voit que ce qu'elle veut bien voir. Elle voit qu'il est grand, qu'il est joli garçon, fort et charmant. Elle se crée une image de lui et essaie de nier ce qu'elle ne veut pas voir. Elle se ment à elle-même car elle veut vraiment se faire croire que cette relation marchera. Ses copines lui disent : « *Mais il se shoote, il est alcoolique, il n'a pas de travail !* » Elle leur répond : « *Oui, mais mon amour va le changer.* »

Bien entendu, sa mère et son père détestent cet homme. Ses parents se font du souci pour elle parce qu'ils voient bien la direction qu'elle prend. Ils lui disent : « *Ce n'est pas un homme pour toi.* » À quoi elle répond : « *Vous n'avez pas à me dire que faire.* » Elle s'oppose à ses parents pour n'écouter que ses hormones et elle se ment en essayant de justifier ses choix. « *C'est ma vie, je ferai ce que j'ai envie de faire !* »

Quelques mois plus tard, sa relation la ramène à la réalité. La vérité commence à faire surface et elle reproche à son compagnon ce qu'elle refusait de voir avant. Il n'y a plus de respect entre eux, la relation se dégrade, mais maintenant, son orgueil prend le dessus. Comment peut-elle revenir chez ses parents alors qu'ils avaient raison ? Voilà qui leur ferait trop plaisir. Combien de temps lui faudra-t-il pour apprendre la leçon ? Quel amour a-t-elle pour elle-même ? Quelle limite met-elle aux mauvais traitements qu'elle accepte de s'infliger ?

Toutes ces souffrances résultent de notre refus de voir, alors que tout est évident à nos yeux. Même lorsqu'on croise quelqu'un qui prétend être au mieux de sa forme, même avec ce masque sur le visage, il ne peut s'empêcher de nous montrer son manque d'amour, son manque de respect pour lui-même. Mais nous refusons de le voir, comme nous refusons d'entendre. Voilà pourquoi un prophète a dit autrefois : « *Il n'y a pas plus aveugle que celui qui ne veut pas voir. Il n'y a pas plus sourd que celui qui ne veut pas entendre. Et il n'y a pas plus fou que celui qui ne veut pas comprendre.* »

Nous sommes tellement aveugles… et cela nous coûte très cher. Toutefois, en ouvrant les yeux et en voyant la vie telle qu'elle est, nous pouvons nous épargner bien des souffrances émotionnelles. Cela ne signifie pas qu'il ne faut prendre de risque. Nous sommes des êtres vivants et nous devons prendre des risques. Et peu importe si nous échouons ! Qui s'en soucie ? Cela n'a aucune importance. Apprenons et poursuivons notre chemin sans jugement.

Il n'y a pas à juger ; il n'y a pas à faire de reproches ni à ressentir de la culpabilité. Il n'y a qu'à accepter la vérité et à décider d'un nouveau départ. Si on parvient à se voir tel qu'on est, on franchit le premier pas vers l'acceptation de soi, vers la fin du rejet de soi. Une fois capable de s'accepter tel que l'on est, le changement peut commencer.

Chacun d'entre nous a un prix et la Vie respecte ce prix. Mais celui-ci n'est pas établi en dollars ni en or ; il se mesure en amour. Plus encore, il est déterminé par la quantité d'amour que nous avons pour nous-mêmes. Combien vous aimez-vous ? C'est cela votre prix et la Vie le respecte. Lorsque vous vous aimez, votre prix est élevé, ce qui signifie que votre tolérance aux mauvais traitements est très basse. Elle est faible parce que vous vous respectez. Vous vous aimez tel que vous êtes et votre prix augmente. S'il y a des points en vous que vous n'aimez pas, votre prix est plus bas.

Parfois, certains se jugent si sévèrement qu'ils doivent s'insensibiliser pour se supporter eux-mêmes. En effet, si vous n'aimez telle personne, vous pouvez vous tenir à distance, mais si vous ne vous aimez pas vous-même, peu importe où vous allez, vous ne pouvez vous éviter. Vous êtes donc obligé de prendre quelque chose qui vous engourdisse, qui éloigne votre esprit de vous-même. Ce sera peut-être un peu d'alcool, des drogues, ou encore de la nourriture : manger, manger et manger encore. Et il existe des formes bien pires encore de mauvais traitements que l'on s'inflige. Il y a des gens qui se détestent ; ils s'autodétruisent petit à petit parce qu'ils n'ont pas le courage de le faire d'un seul coup.

Si vous observez ce genre d'individus, vous verrez qu'ils s'attirent des personnes semblables. Que fait-on lorsqu'on ne s'aime pas ? On se noie dans l'alcool pour oublier sa souffrance. C'est l'excuse utilisée. Où trouver de l'alcool ? Dans un bar où l'on va boire un verre. Et devinez qui sera là ? Des gens semblables qui cherchent aussi à fuir, à s'engourdir l'esprit. Alors, on s'abrutit ensemble, on parle de ses souffrances et l'on se comprend très bien les uns les autres parce qu'on vibre à la même fréquence. On peut même y trouver un certain plaisir. Nous avons tous des comportements autodestructeurs. Je vous fais du mal, vous m'en faites à votre tour : voilà une relation parfaite en enfer.

Que se passe-t-il quand vous changez ? Pour une raison ou une autre, vous n'avez plus besoin d'alcool. Vous acceptez désormais d'être avec vous-même et vous vous appréciez. Vous ne buvez plus, mais vos amis sont les mêmes et ils continuent tous à boire. Ils se saoulent, ils ont l'air de plus en plus heureux, mais vous voyez bien que leur bonheur n'est pas réel. Ce qu'ils appellent bonheur n'est qu'une rébellion contre leur propre douleur émotionnelle. Dans ce « *bonheur* », ils sont si blessés qu'ils prennent plaisir à se faire mal, ainsi qu'à autrui.

Vous faites tache et, bien sûr, ils ne vous aiment plus, parce que vous n'êtes plus comme eux : « *Hé !* *tu me rejettes parce que tu ne bois plus avec moi, parce* *que tu ne te saoules plus avec moi.* » Il vous faut alors faire un choix : revenir en arrière ou passer à une autre fréquence et rencontrer des gens qui s'acceptent eux-mêmes, comme vous vous acceptez vous-même. Vous découvrez qu'il y a d'autres niveaux de réalités, avec de nouvelles relations, et vous n'acceptez plus certaines formes d'abus.

8

Le sexe : le plus grand démon de l'enfer

Si nous pouvions extraire les humains de l'univers, nous verrions que toute la création – les étoiles, la lune, les plantes, les animaux, tout – est parfaite telle qu'elle est. La vie n'a pas à être justifiée ni jugée ; sans nous, elle continuerait d'exister et de se développer comme elle le fait. Quand on remet les humains dans la création en les privant de la faculté de juger, on constate qu'ils sont comme le reste de la nature : ils ne sont ni bons ni mauvais, ils n'ont ni raison ni tort ; ils sont simplement tels qu'ils sont.

Dans le Rêve de la Planète, nous devons tout justifier, tout classifier – bon/mauvais, juste/faux – alors que chaque chose est ce qu'elle est. Point à la ligne. Nous autres humains, nous accumulons beaucoup de connaissances ; ensuite, nous assimilons toutes les croyances sociales, les règles morales, celles de notre famille, de la société, de la religion. Et nous basons le plus gros de notre comportement et de nos sentiments sur ces connaissances. Nous créons des anges et des démons et, bien entendu, le sexe devient le plus grand démon de l'enfer. La sexualité est considérée comme le principal péché, alors que le corps humain est fait pour le sexe.

Vous êtes un être biologique, sexuel : c'est ainsi, point. Votre corps possède une telle sagesse ! Toute cette intelligence est contenue dans les gènes, dans l'ADN. L'ADN n'a pas à comprendre ni à justifier chaque chose ; il sait, tout simplement. Le problème n'est pas la sexualité, mais la façon dont nous manipulons la connaissance et les jugements, alors qu'en réalité, il n'y a rien à justifier. Il est si difficile pour le mental de poser les armes et d'accepter les choses telles qu'elles sont. Nous possédons tout un jeu de croyances complètement déformées concernant ce que la sexualité devrait être et comment les relations devraient se passer.

En enfer, chaque échange sexuel se paie cher et pourtant, l'instinct demeure si fort que nous continuons quand même d'en avoir. Il en résulte beaucoup de culpabilité et de honte. Et l'on entend tant de médisances sur le sexe : « *Regardez ce que fait cette femme. Oh ! Et cet homme !* » Nous avons des définitions détaillées de ce qu'est une femme, un homme, et de la façon dont l'un et l'autre doivent se comporter sur le plan sexuel. Les hommes sont toujours trop machos ou trop faibles, selon qui les juge. De même, les femmes sont toujours trop maigres ou trop grosses. Nous avons tant de croyances sur l'apparence qu'une femme doit avoir pour être belle. Il vous faut acheter les bons habits, créer la bonne image de vous-même, afin d'être séduisante et de correspondre à cette image. Si vous n'y parvenez pas, vous pensez que vous ne valez rien et que personne ne vous aimera.

Nous croyons à tant de mensonges à propos de la sexualité que nous n'y prenons plus de plaisir. Le sexe, dit le rêve, est pour les animaux. C'est mal. Nous devrions avoir honte d'avoir des attirances sexuelles. En réalité, ces règles sur la sexualité sont totalement contre nature ; elles n'appartiennent qu'au rêve, mais nous les croyons tout de même. Pendant ce temps, votre vraie nature se manifeste et elle ne correspond pas à ces règles. Vous devenez donc coupable. Vous n'êtes pas ce que vous devriez être. Vous vous jugez ; vous devenez une victime. Vous vous punissez et ce n'est pas juste. Cela crée des plaies qui s'infectent de poison émotionnel.

Le mental joue à ces jeux, mais le corps se fiche de ce qu'il croit ; lui, il ne fait que ressentir le besoin sexuel. Durant une certaine part de notre vie, on ne peut éviter de ressentir de l'attraction sexuelle.

Il n'y a là rien d'anormal. Le corps sent sa sexualité s'éveiller lorsqu'il est excité, qu'il est touché, stimulé visuellement, lorsqu'il voit une possibilité d'avoir une relation sexuelle. Le corps peut ressentir cela, puis, quelques minutes plus tard, ne plus rien sentir du tout. Si la stimulation s'interrompt, le corps cesse d'avoir besoin de sexe. Mais pour le mental, c'est une autre affaire.

Un exemple : supposons que vous êtes mariée et que vous avez été élevée dans une famille catholique. Vous avez donc des idées bien précises sur la sexualité : les comportements bons ou mauvais, ce qui est juste ou faux, ce qui est un péché et ce qui est acceptable. Vous devez signer un contrat afin que la sexualité soit tolérée ; si vous ne le signez pas, le sexe est un péché. Vous avez donné votre parole d'être loyale, mais voilà qu'un jour, en marchant dans la rue, un homme traverse devant vous. Vous ressentez une puissante attirance ; le corps la perçoit. Ce n'est pas un problème et cela ne signifie pas que vous devez agir. Mais vous ne pouvez pas éviter cette sensation, parce qu'elle est tout à fait normale. Lorsque la stimulation est passée, le corps lâche prise, mais le mental a besoin de justifier ce que le corps a ressenti.

Le mental sait, voilà le problème. Il sait, vous savez, mais que savez-vous ? Vous savez ce que vous croyez. Peu importe que telle chose soit bonne ou mauvaise, juste ou fausse, correcte ou incorrecte, on vous a élevé à croire qu'elle est mauvaise, donc lorsqu'elle se produit, vous la jugez immédiatement ainsi. Le drame et les conflits peuvent alors commencer.

Un peu plus tard, vous repensez à cet homme et cette seule pensée fait remuer vos hormones. Étant donné la puissance de la mémoire, pour votre corps, c'est comme si vous voyiez vraiment cet homme. Le corps réagit parce que le mental l'active par la pensée. Si le mental laissait le corps en paix, cette réaction disparaîtrait comme si elle ne s'était jamais produite. Mais le mental s'en souvient, et comme vous savez qu'il est inadmissible de ressentir de telles choses, vous vous jugez. Le mental dit que ces sentiments ne sont pas acceptables et s'efforce de réprimer ce qu'il ressent. Devinez ce que cette répression produit ? Vous y pensez encore plus. Puis, un jour, vous recroisez cet homme, et même si le contexte est différent, votre corps réagit encore plus fort.

Si, lors de votre première rencontre, vous aviez renoncé à tout jugement, il se pourrait qu'en le revoyant la seconde fois, vous ne ressentiez rien. Mais maintenant, cet homme est là, vous sentez une attirance sexuelle et vous la jugez en vous disant : « *Oh, mon Dieu, ça ne va pas. Je suis une débauchée.* » Vous avez besoin d'être punie ; vous vous sentez coupable ; vous suivez une spirale descendante, et tout cela pour rien puisque tout se passe dans votre tête. Cet homme n'a peut-être même pas vu que vous existiez. Mais vous, vous commencez à imaginer mille choses, à faire des suppositions et ainsi, vous le désirez de plus en plus. Puis, pour une raison ou une autre, vous faites sa connaissance, vous lui parlez et vous trouvez cela merveilleux. Maintenant, cette histoire tourne à l'obsession, vous êtes de plus en plus attirée, mais vous avez peur.

Puis, vous faites l'amour avec lui, et c'est à la fois la chose la plus merveilleuse et la plus épouvantable qui soit. Maintenant, vous méritez vraiment d'être punie. « *Quel genre de femme laisse ses désirs sexuels prendre le pas sur sa morale ?* » Qui sait à quel jeu votre mental se livrera ? Vous avez mal, mais vous niez vos sentiments ; vous essayez de justifier vos actes pour éviter la douleur émotionnelle. « *Après tout, mon mari fait probablement la même chose.* »

L'attirance devient plus forte, mais le corps n'en est pas responsable ; ce n'est que le mental qui joue à ce jeu. La peur de l'attirance sexuelle devient obsessionnelle et ne cesse de grandir. Lorsque vous faites l'amour à cet homme, vous vivez un moment intense non pas parce qu'il est formidable ni parce que votre relation sexuelle est belle : simplement parce que toute cette tension, toute cette peur se relâche. Puis, pour la reconstruire, le mental se dit que tout cela arrive grâce à cet homme, mais ce n'est pas vrai.

Le drame se poursuit ; il n'est rien qu'un simple jeu mental, sans aucune réalité. Il ne s'agit pas non plus d'amour, car ce genre de relations est très destructeur. Elles sont même autodestructrices, car vous vous faites du tort et votre plus grande douleur se situe là où sont vos croyances. Peu importe que vos croyances soient justes ou fausses, bonnes ou mauvaises : le fait est que vous les enfreignez. Bien sûr, c'est précisément ce que nous souhaitons faire, mais à la manière d'un guerrier spirituel et non d'une victime. Car cette expérience vous enfoncera davantage en enfer ; elle ne vous en fera pas sortir.

Votre esprit et votre corps ont des besoins complètement différents, mais c'est votre esprit qui contrôle votre corps. Votre corps a des besoins auxquels vous ne pouvez pas échapper ; vous devez satisfaire vos besoins de nourriture, d'eau, d'abri, de sommeil et de sexe. Tous ces besoins sont parfaitement normaux et il est facile de les satisfaire. Le problème est que le mental se dit : « *Ce sont mes besoins.* »

Voilà pourquoi dans notre tête, nous nous créons tout un cinéma dans cette bulle d'illusion. Le mental se sent responsable de tout. Il croit qu'il a besoin de nourriture, d'eau, d'habits, de sexe. Mais ses besoins ne sont pas de nature physique. Il n'a besoin ni de nourriture, ni d'oxygène, ni d'eau, ni de sexe. Comment sait-on qu'il en est ainsi ? Lorsque votre mental dit « J'ai faim », vous mangez, ce qui satisfait totalement le corps, mais le mental continue de penser qu'il doit manger. Alors, vous mangez et mangez encore, mais vous ne parvenez pas à satisfaire votre mental par la nourriture, parce que ce besoin est illusoire pour lui.

Le besoin de vous habiller en est un autre exemple. Oui, votre corps doit être protégé, parce que le vent est froid ou que le soleil est brûlant, mais ce besoin n'appartient qu'au corps et il est facile à satisfaire. Si ce besoin passe dans la tête, vous pouvez posséder des tonnes d'habits et cependant penser que vous en avez encore besoin d'autres. Vous ouvrez votre armoire, qui est remplie de vêtements, mais votre mental n'est pas satisfait. Que dit-il ? « *Je n'ai rien à me mettre.* »

Le mental a besoin d'une nouvelle voiture, de plus de vacances, d'une résidence secondaire pour les amis..., autant de besoins que vous ne pourrez jamais vraiment satisfaire dans votre tête. Eh bien, il en va de même pour la sexualité. Lorsque le besoin est dans la tête, il est impossible à satisfaire, car tous nos jugements et toutes nos croyances s'y trouvent aussi. Voilà ce qui complique singulièrement la sexualité. Le mental n'a pas besoin de sexe. Ce qu'il lui faut, c'est de l'amour, pas de sexe. Et plus que le mental, c'est votre âme qui a besoin d'amour, car le mental peut survivre avec la peur. La peur est aussi une énergie qui nourrit le mental ; ce n'est pas vraiment la nourriture que vous souhaitez, mais ça marche.

Il faut libérer le corps de la tyrannie du mental. Si nos besoins de nourriture et de sexe ne se trouvent plus dans la tête, tout devient facile. La première étape consiste donc à diviser les besoins en deux catégories : ceux du corps et ceux de la tête.

Le mental confond les besoins du corps avec les siens, parce qu'il a besoin de savoir *qui suis-je ?* Nous vivons dans ce monde d'illusions et nous n'avons aucune idée de qui nous sommes. Le mental se pose alors mille questions. *Que suis-je ?* devient le plus grand mystère au monde, et toute réponse peut servir à satisfaire le besoin de sécurité. Le mental dit : « *Je suis le corps. Je suis ce que je vois ; je suis ce que je pense ; je suis ce que je ressens. J'ai mal ; je saigne.* »

Les affinités existant entre la tête et le corps sont si fortes que le mental croit qu'il est le corps. Dès que le corps a un besoin, le mental pense : « *J'ai besoin.* » Il réagit personnellement à tout ce qui concerne le corps parce qu'il essaie de comprendre *que suis-je ?* Donc, il est tout à fait normal qu'il se mette à contrôler le corps à un certain moment. Et vous vivez votre vie ainsi, jusqu'à ce que quelque chose se produise qui vous secoue et vous permette de voir ce que vous n'êtes pas.

Vous commencez à devenir conscient lorsque vous voyez ce que vous n'êtes pas, lorsque votre esprit commence à comprendre qu'il n'est pas le corps. Votre tête dit : « *Qui suis-je ? Suis-je la main ? Si je me la coupe, je suis toujours moi. Je ne suis donc pas la main.* » Vous éliminez ce que vous n'êtes pas, jusqu'à ce que, à la fin, ne reste que ce que vous êtes vraiment. Il faut un long cheminement à l'esprit avant qu'il ne trouve sa propre identité. Au cours de ce processus, vous abandonnez votre histoire personnelle, tout ce qui vous rassure, jusqu'à ce que, finalement, vous compreniez ce que vous êtes vraiment.

Vous découvrez alors que vous n'êtes pas ce que vous croyiez être, car vous n'aviez pas choisi ces croyances. Elles étaient déjà là avant que vous ne soyez né. Vous découvrez que vous n'êtes pas non plus le corps, car vous commencez à fonctionner sans lui. Vous commencez à vous rendre compte que vous n'êtes pas le rêve, que vous n'êtes pas le mental. Et si

111

vous allez encore plus en profondeur, vous constaterez que vous n'êtes pas non plus l'âme. Et ce que vous découvrez ensuite est incroyable. Vous réalisez que vous êtes une force – une force qui permet à votre corps de vivre et à votre mental de rêver.

Sans vous, sans cette force, votre corps s'effondrerait sur le sol. Sans vous, tout votre rêve se dissoudrait dans le néant. Ce que vous êtes vraiment est cette force – qui est la Vie. Si vous regardez les yeux d'une personne proche, vous y verrez la conscience de soi, la manifestation de la Vie briller dans son regard. La vie n'est pas le corps ; elle n'est pas le mental ; elle n'est pas l'âme. C'est une force. Grâce à elle, un bébé devient un enfant, un adolescent, puis un adulte ; il se reproduit et vieillit. Lorsque la Vie quitte le corps, celui-ci se décompose et devient poussière.

Vous êtes la Vie s'exprimant à travers votre corps, votre mental et votre âme. Une fois que vous aurez découvert cela, pas par la logique ni par l'intellect, mais en sentant cette Vie, vous réaliserez que vous êtes la force qui fait s'ouvrir et se fermer les fleurs et voler de fleur en fleur les colibris. Vous réaliserez que vous êtes dans chaque arbre, chaque animal, chaque végétal et chaque pierre. Vous êtes cette force qui anime le vent et qui respire dans votre corps. L'univers tout entier est un être vivant animé par cette force – et c'est cela que vous êtes. *Vous êtes la Vie.*

9

La chasseresse divine

La mythologie grecque raconte l'histoire d'Artémis, la chasseresse divine.

Artémis était la chasseresse suprême, parce qu'elle chassait sans effort. Elle satisfaisait ses besoins avec une immense facilité et vivait en parfaite harmonie avec la forêt. Chacun dans la forêt aimait Artémis, et c'était un honneur que d'être chassé par elle. Elle ne semblait jamais vraiment chasser ; ce qu'elle désirait venait simplement à elle. C'est pourquoi elle était la meilleure, et c'est aussi la raison pour laquelle elle était la proie la plus difficile. Sa forme animale était celle d'un cerf magique qu'il était pour ainsi dire impossible de chasser.

Artémis vivait en parfaite harmonie avec la forêt, jusqu'au jour où un roi donna un ordre à Hercule, le fils de Zeus, qui cherchait sa propre transcendance. Cet ordre était qu'Hercule chasse le cerf magique d'Artémis. Hercule, jamais vaincu, ne refusa pas ; il se rendit dans la forêt pour chasser cet animal. Artémis, sous sa forme de cerf, vit Hercule, et n'en fut pas effrayée. Elle le laissa s'approcher, mais lorsqu'il essaya de la capturer, elle s'enfuit. Il était impossible à Hercule d'attraper ce cerf, à moins qu'il ne devienne meilleur chasseur qu'Artémis.

Hercule fit donc appel à Hermès, le messager des Dieux, qui était le plus rapide. Il lui demanda de lui prêter ses ailes. Hercule était désormais aussi rapide qu'Hermès, et il eut tôt fait de capturer la plus précieuse des proies. Vous pouvez imaginer quelle fût la réaction d'Artémis. Elle qui venait d'être chassée par Hercule, voulait prendre sa revanche. Elle voulait le chasser à son tour et elle fit de son mieux pour le capturer. Mais désormais, c'est Hercule qui était devenu la proie la plus insaisissable. Hercule était tellement libre que, malgré tous ses efforts, Artémis ne parvenait pas à le capturer.

Artémis n'avait pas besoin d'Hercule. Certes, elle ressentait un besoin intense de le posséder, mais il ne s'agissait bien sûr que d'une illusion. Elle croyait être amoureuse d'Hercule et elle le désirait pour elle-même. Elle n'avait plus qu'une idée en tête, celle de capturer Hercule, au point que cela devint une obsession et qu'elle n'était plus heureuse. Elle se mit donc à changer. Elle n'était plus en harmonie avec la forêt et chassait désormais pour le seul plaisir d'attraper ses proies. Artémis se mit à enfreindre ses propres règles et devint ainsi un prédateur. Les animaux étaient effrayés et toute la forêt se mit à la rejeter, mais elle s'en fichait. Elle ne voyait pas la vérité ; elle n'avait qu'Hercule à l'esprit.

Hercule, quant à lui, avait de nombreux travaux à exécuter, mais il rendait parfois visite à Artémis dans la forêt. Chaque fois qu'il le faisait, Artémis faisait de son mieux pour le chasser. Lorsqu'elle se trouvait avec lui, elle était très heureuse, mais elle savait qu'il partirait et cela réveillait sa jalousie et sa possessivité. Chaque fois qu'Hercule partait, elle souffrait et pleurait. Elle le haïssait, mais elle l'aimait aussi.

Hercule ignorait ce qui se tramait dans l'esprit d'Artémis ; il n'avait pas remarqué qu'elle le chassait. Dans sa tête, il ne se considérait jamais comme une proie. Il aimait et respectait Artémis, mais ce n'était pas ce que cette dernière voulait.

Dans la forêt, chacun avait bien sûr remarqué les changements survenus chez Artémis, sauf elle-même. Dans sa tête, elle se croyait toujours la chasseresse divine. Elle n'avait pas conscience d'avoir chuté. Elle ne se rendait pas compte que le paradis qu'était autrefois la forêt était devenu un enfer car, après sa chute, tous les chasseurs chutèrent avec elle ; ils devinrent tous des prédateurs.

Un jour, Hermès se transforma en animal et, à l'instant où Artémis s'apprêtait à le tuer, il reprit son apparence divine et Artémis recouvra la sagesse

115

qu'elle avait perdue. Il lui fit savoir qu'elle avait chuté. Artémis, désormais consciente de son égarement, se rendit chez Hercule pour demander son pardon. Ce n'était que l'égoïsme qui l'avait fait chuter. En parlant à Hercule, elle réalisa qu'elle ne l'avait jamais offensé, parce qu'il ne savait pas ce qui se tramait dans son esprit. Puis elle regarda la forêt et vit ce qu'elle lui avait fait. Elle présenta ses excuses à chaque fleur et à chaque animal, jusqu'à ce que l'amour soit rétabli. Alors, Artémis fut à nouveau la chasseresse divine.

Je vous raconte cette histoire pour vous dire que nous sommes tous simultanément des chasseurs et des proies. Tout ce qui existe est à la fois chasseur et proie. Que chassons-nous ? Ce qu'il faut pour satisfaire nos besoins. J'ai parlé des besoins du corps et de ceux du mental. Lorsque le mental croit être le corps, ses besoins ne sont qu'illusions et ne peuvent être satisfaits. Lorsque nous chassons pour satisfaire les besoins irréels du mental, nous devenons des prédateurs : nous chassons ce dont nous n'avons pas besoin.

Les humains chassent pour obtenir de l'amour. Nous pensons avoir besoin d'amour, parce que nous croyons ne pas en avoir, faute de nous aimer nous-mêmes. Nous chassons d'autres humains, semblables à nous, dans l'espoir d'obtenir d'eux de l'amour, alors qu'ils sont dans la même situation que nous. Ils ne s'aiment pas non plus : quel amour pouvons-nous donc recevoir d'eux ? Nous ne faisons que créer un besoin plus important qui n'est pas plus réel ; nous continuons de chasser et de chasser encore, mais au mauvais endroit, car les autres humains n'ont pas l'amour dont nous avons besoin.

Lorsque Artémis devint consciente de sa chute, elle revint à elle-même, car tout ce dont elle avait besoin se trouvait en elle. Il en va de même pour nous tous car nous sommes tous semblables à elle après sa chute et avant sa rédemption. Nous faisons la chasse à l'amour. Nous chassons la justice et le bonheur. Nous chassons Dieu, mais Dieu est en nous.

L'histoire de la chasse du cerf magique nous enseigne qu'il faut chasser en nous-mêmes. C'est une histoire merveilleuse à garder à l'esprit. Si vous vous en souvenez, vous trouverez toujours l'amour en vous. Les humains qui se chassent les uns les autres pour de l'amour ne seront jamais satisfaits ; ils ne trouveront jamais chez autrui l'amour dont ils ont besoin. Le mental ressent ce besoin, mais il est impossible à satisfaire parce que l'amour n'est pas là. *Il n'est jamais là.*

L'amour qu'il nous faut chasser se trouve en nous, mais c'est une proie difficile. Il est très difficile de chasser en soi, d'obtenir cet amour à l'intérieur de soi. Il faut être très rapide, aussi rapide qu'Hermès, car un rien peut nous distraire de notre but. Tout ce qui retient votre attention vous distrait de votre objectif, qui est de capturer cette proie d'amour en vous. Si vous parvenez à capturer votre proie, vous verrez que votre amour deviendra puissant en vous et qu'il pourra satisfaire tous vos besoins. C'est tellement important pour votre bonheur.

D'habitude, les humains entament une relation comme des chasseurs. Ils cherchent ce dont ils pensent avoir besoin, espérant le trouver chez autrui, puis ils découvrent que ce n'est pas le cas. Lorsqu'on démarre une relation sans avoir ce besoin, elle est donc tout à fait différente.

Comment chasse-t-on à l'intérieur de soi ? Pour capturer l'amour qui est en vous, vous devez capituler en tant que chasseur et en tant que proie. Dans votre propre esprit, il y a le chasseur ainsi que la proie. Qui est le chasseur et qui est la proie ? Chez les gens ordinaires, le chasseur est le Parasite. Il sait tout ce qui vous concerne et ce qu'il veut, ce sont les émotions provenant de la peur. Le Parasite est un mangeur d'ordures. Il aime la peur et les drames ; il aime la colère, la jalousie et l'envie ; il aime toutes les émotions qui vous font souffrir. Le Parasite cherche à être quitte et il veut tout contrôler.

Les mauvais traitements que vous vous infligez sous la forme du Parasite, représentent une chasse perpétuelle, vingt-quatre heures sur vingt-quatre ; le Parasite ne vous lâche jamais. Vous devenez donc sa proie, une proie très facile. Le Parasite est celui qui abuse de vous. Pire qu'un chasseur, c'est un prédateur qui vous dévore vivant. La proie, le corps émotionnel, est cette part de nous-mêmes qui souffre et souffre encore ; c'est celle qui cherche la rédemption.

Dans la mythologie grecque, on trouve aussi l'histoire de Prométhée enchaîné à un rocher. Pendant la journée, un aigle vient et dévore ses entrailles ; puis, durant la nuit, Prométhée guérit. Mais chaque jour, l'aigle revient lui dévorer les entrailles. Qu'est-ce que cela signifie ? Lorsque Prométhée est éveillé, il a un corps physique et un corps émotionnel. L'aigle représente le Parasite qui dévore son ventre. Pendant la nuit, il n'a pas de corps émotionnel et il se régénère. Il renaît chaque matin pour servir à nouveau de nourriture à l'aigle, jusqu'à ce qu'Hercule vienne le délivrer. Hercule est semblable au Christ, à Bouddha ou à Moïse, qui rompent les chaînes de la souffrance et vous donnent votre liberté.

Pour devenir chasseur de vous-même, vous devez commencer par chasser la moindre de vos réactions. Il vous faudra changer une habitude après l'autre. C'est une guerre destinée à vous libérer du Rêve qui contrôle votre vie ; une guerre entre vous et le prédateur, la Vérité se tenant au milieu. Dans toutes les traditions d'Amérique, du Canada à l'Argentine, nous nous nommons « guerriers « parce qu'un guerrier est un chasseur qui se chasse lui-même. Il s'agit d'une guerre gigantesque, car l'adversaire est le Parasite. Être un guerrier ne signifie pas que vous allez gagner cette guerre, mais au moins, vous vous rebellez et vous n'acceptez plus d'être dévoré vivant par le Parasite.

Devenir chasseur est donc la première étape. Lorsqu'Hercule est allé dans la forêt en quête d'Artémis, il lui fut impossible de capturer le cerf. Il se rendit donc chez Hermès, l'instructeur suprême, et apprit à devenir le meilleur chasseur. Il lui fallait être meilleur qu'Artémis s'il voulait l'attraper. Donc, pour vous chasser vous-même, vous devez aussi être un meilleur chasseur que le Parasite. Comme il travaille vingt-quatre heures sur vingt-quatre, vous devez faire pareil. Mais le Parasite possède un avantage : il vous connaît bien. Et vous n'avez aucun moyen de vous cacher. Le Parasite est donc la proie la plus difficile. C'est cette part de vous-même qui essaie de justifier votre comportement aux yeux des autres, mais qui, une fois que vous vous retrouvez seul, vous juge terriblement. Il juge toujours, il vous fait des reproches et vous fait vous sentir coupable.

Dans les relations normales en enfer, le Parasite de votre Partenaire s'allie au vôtre contre votre vrai moi. Contre vous se trouvent donc non seulement votre propre Parasite, mais aussi celui de votre partenaire qui s'allie à lui pour faire perdurer vos souffrances. Savoir cela change tout : vous pouvez ainsi avoir davantage de compassion à l'égard de votre partenaire et lui permettre de confronter son propre Parasite. Vous pouvez vous réjouir de chaque pas qu'il ou elle fait vers sa liberté. Vous pouvez être conscient que lorsque votre partenaire se fâche, qu'il ou elle est triste ou jaloux(se), ce n'est pas à l'être aimé que vous avez affaire, mais à un Parasite qui a pris possession de lui.

Sachant que le Parasite est là et sachant également ce qui se passe à l'intérieur de votre partenaire, vous pouvez lui laisser l'espace nécessaire pour qu'il s'en occupe. Comme vous n'êtes responsable que de votre moitié de la relation, vous pouvez permettre à votre partenaire d'assumer son propre rêve personnel. De cette manière, il vous sera plus facile de ne pas faire une affaire personnelle de ce que vit ou fait votre partenaire. Cela aidera beaucoup votre relation, car rien de ce que fait votre partenaire n'est personnellement dirigé contre vous. Il n'est confronté qu'à ses propres poubelles. Si vous n'en faites pas une affaire personnelle, il vous sera très facile d'avoir une relation merveilleuse avec l'être aimé.

10

Voir avec
les yeux de l'amour

Si vous observez votre corps, vous découvrirez des milliards d'êtres vivants qui dépendent de vous. Chaque cellule de votre corps est un être vivant dépendant de vous. Vous êtes responsable de tous ces êtres. Pour chacun d'eux, vous êtes Dieu. Vous seul pouvez leur fournir ce dont ils ont besoin : vous pouvez les aimer ou être méchant envers eux.

Les cellules de votre corps sont parfaitement loyales ; elles travaillent pour vous en harmonie. On peut même dire qu'elles vous adressent leurs prières. Vous êtes leur Dieu. C'est absolument vrai. Maintenant, qu'allez-vous faire de cette connaissance ?

Souvenez-vous : la forêt était en harmonie complète avec Artémis. Puis, lorsque celle-ci chuta, elle perdit tout respect pour la forêt. Quand elle recouvra sa conscience, Artémis alla de fleur en fleur pour leur dire : « *Je suis désolée ; désormais, je prendrai à nouveau soin de vous.* » Et dès lors, sa relation avec la forêt fut à nouveau toute d'amour.

Votre corps représente la forêt, et si vous reconnaissez cette vérité, vous aussi lui direz : « *Je suis désolé(e) ; désormais, je prendrai à nouveau soin de toi.* » La relation que vous avez avec votre corps, avec tous ces êtres vivants qui dépendent de vous, peut devenir la plus belle de toutes. Votre corps et ses cellules gèrent parfaitement leur moitié de la relation qui existe entre vous, tout comme le chien est parfait dans sa moitié de la relation qui vous unit. L'autre moitié appartient à votre mental. Mais alors que votre corps s'occupe bien de sa moitié de relation, le mental abuse de lui, le maltraite et le violente.

Pensez à la façon dont vous traitez votre chat ou votre chien. Si vous êtes capable de traiter votre corps comme un animal domestique, cela deviendra une histoire d'amour. Votre corps est prêt à recevoir tout l'amour du mental, mais celui-ci dit : « *Non. Je n'aime pas telle partie de mon corps. Regardez mon nez ; je ne l'aime pas. Et mes oreilles ? Elles sont trop grandes. Mon corps est trop gros. Et mes jambes trop courtes.* » Le mental est capable d'imaginer toutes sortes de choses sur le corps.

Votre corps est parfait tel qu'il est, mais vous avez votre idée de ce qui est bon ou mauvais, juste ou faux, beau ou laid. Ce ne sont pourtant que des concepts, mais vous les croyez et c'est là le problème. Avec cette image de perfection qu'on a en tête, on exige de son corps qu'il ait telle apparence, qu'il se comporte de telle manière. On rejette son propre corps, alors qu'il est parfaitement loyal envers nous. Même lorsqu'il est incapable de faire telle chose en raison de ses limites, au moins, il essaie.

Pensez à ce que vous faites avec votre corps. Si vous le rejetez, qu'est-ce que les autres peuvent attendre de vous ? Si vous acceptez votre propre corps, vous pourrez quasiment accepter tout le monde et toute chose. Voilà un point très important dans l'art des relations. La relation que vous avez avec vous-même se reflète dans vos relations avec autrui. Si vous rejetez votre corps, vous serez timide lorsque vous partagerez votre amour avec votre partenaire. Vous vous direz : « *Quand je pense à mon corps ; comment peut-il/elle m'aimer avec un corps pareil ?* » Alors, vous vous rejetez et vous partez du principe que l'autre vous rejettera pour les mêmes raisons. Et lorsque vous rejetez autrui, c'est pour les mêmes motifs que vous vous rejetez vous-même.

Si vous voulez créer une relation qui vous emmène jusqu'au ciel, vous devez accepter votre corps totalement. Il vous faut l'aimer et lui permettre d'être libre d'exister, de donner, de recevoir, sans timidité, car la timidité n'est rien d'autre que de la peur.

Comment voyez-vous votre chien. Vous le regardez avec les yeux de l'amour et vous appréciez sa beauté. Peu importe que qu'il soit beau ou laid. Vous pouvez presque être en extase devant la beauté de ce chien, parce qu'il n'y a aucun élément possessif dans cette relation. La beauté n'est qu'un concept que l'on nous a appris.

Pensez-vous qu'une tortue ou une grenouille soit laide ? Vous pouvez regarder une grenouille et voir qu'elle est belle ; elle est magnifique. Regardez une tortue ; elle est splendide. Tout ce qui existe est beau, absolument tout. Mais vous pensez : « *Oh, telle chose est laide* » parce que quelqu'un vous a fait croire que ceci est beau et cela est laid, comme on vous a fait croire que ceci est bien et cela est mal.

Être beau ou laid, grand ou petit, mince ou gros n'est pas un problème. Être magnifique n'est pas un problème non plus. Si vous êtes au milieu d'une foule et qu'on vous dise : « *Oh, vous êtes belle* », vous pouvez dire « *Merci, je le sais* » et continuer votre route. Cela ne change rien pour vous. Mais si vous ne croyez pas être belle, que quelqu'un vous le dise change tout. Vous vous demanderez alors : « *Le suis-je vraiment ?* » L'opinion de cette personne peut vous marquer, ce qui fait ensuite de vous une proie facile. Vous penserez avoir besoin de cette opinion parce que vous croyez ne pas être belle.

Vous rappelez-vous l'histoire de la cuisine magique ? Si vous avez tous les aliments qu'il vous faut, et que quelqu'un essaie de vous contrôler pour de la nourriture, vous direz : « *Non, merci.* » Si vous souhaitez être belle, mais que vous croyez ne pas l'être, et que quelqu'un vous dise : « *Je te dirai combien tu es belle si tu me laisses te contrôler* », vous lui direz : « *Oh oui, dis-moi que je suis belle.* » Vous le laisserez vous contrôler, pensant que vous avez besoin de son opinion.

Ce qui compte, ce ne sont pas les opinions d'autrui, mais les vôtres. Vous êtes belle, quoi que votre mental vous dise. C'est un fait. Vous n'avez rien à y faire, car vous avez déjà toute la beauté dont vous avez besoin. Pour être belle, vous n'avez pas à vous soumettre aux exigences de quiconque. Les autres sont libres de voir ce qu'ils veulent voir. Qu'ils vous voient belle ou non, si vous êtes consciente de votre propre beauté et l'acceptez, leur opinion ne vous affectera absolument pas.

Peut-être avez-vous grandi en croyant que vous n'êtes pas séduisante et vous enviez la beauté des autres femmes. Alors, pour justifier votre jalousie, vous vous dites : « *Je ne veux pas être belle.* » Vous pouvez même avoir peur d'être belle. Cette peur peut provenir de diverses causes qui ne sont pas les mêmes pour tous, mais c'est souvent la peur de son propre pouvoir.

Les femmes qui sont considérées belles exercent un pouvoir sur les hommes, et pas seulement sur eux, mais aussi sur leurs semblables. Si vous en faites partie, d'autres femmes jugées moins belles que vous peuvent vous envier parce que vous attirez l'attention des hommes. Si vous vous habillez de telle manière et que les hommes sont fous de vous, que diront de vous

les autres femmes ? « *Oh, c'est une femme légère.* »
Alors, vous vous mettrez à craindre ces jugements que
l'on peut porter sur vous. Mais là encore, il ne s'agit
que de concepts, de croyances erronées qui ouvrent
des plaies dans votre corps émotionnel. Ensuite, bien
entendu, il vous faut recouvrir ces plaies de mensonges en vous servant de systèmes de déni.

L'envie est aussi une croyance que l'on peut facilement détruire avec la conscience. Vous pouvez
apprendre à gérer l'envie des autres femmes et des
hommes, parce qu'en réalité, chacun(e) d'entre vous
est beau(belle). La seule différence existant entre la
beauté d'une personne et celle d'une autre se trouve
dans le concept de la beauté propre à chacun.

La beauté n'est qu'un concept, une croyance,
mais vous pouvez y croire et fonder tout votre pouvoir sur cette définition. Le temps passe et vous vous
voyez vieillir. Peut-être n'êtes-vous plus aussi belle
que vous l'étiez de votre point de vue, tandis que se
présentent des femmes plus jeunes qui sont maintenant celles que l'on trouve belles. C'est l'heure
de la chirurgie plastique pour essayer de préserver
votre pouvoir, parce que vous croyez que la beauté
est synonyme de pouvoir. Votre propre vieillesse
vous blesse. « *Oh, mon Dieu, ma beauté s'en va. Est-
ce que mon homme m'aimera encore si je ne suis plus
attirante ? Il voit maintenant des femmes plus sédui-
santes que moi.* »

Nous résistons au vieillissement car nous croyons
que si quelqu'un est vieux, il n'est plus beau. Cette

croyance est totalement erronée. Si vous regardez un bébé, vous verrez qu'il est beau. Eh bien, une personne âgée est belle, elle aussi. Le problème vient des émotions qui filtrent notre perception de ce qui est beau ou non. Tous ces jugements et ces programmes en nous limitent notre bonheur et nous poussent à nous rejeter et à rejeter aussi les autres. Parvenez-vous à voir comment nous mettons en scène ces drames, comment nous programmons notre échec à cause de toutes ces croyances ?

Vieillir est merveilleux, tout comme grandir est merveilleux. D'enfant, nous devenons adolescent(e), puis jeune femme ou jeune homme. C'est beau. Devenir un vieil homme ou une vieille femme est également beau. Durant une vie humaine, il y a certaines époques auxquelles nous nous reproduisons activement. Pendant ces années, nous pouvons désirer être sexuellement attirant, car la nature nous pousse dans cette direction. Ensuite, nous n'avons plus à rester ainsi, mais cela ne veut pas dire que nous ne sommes plus beaux.

Vous êtes ce que vous croyez être. Il n'y a rien d'autre à faire que d'être simplement qui vous êtes. Vous avez le droit de vous sentir beau ou belle et d'y prendre plaisir. Vous pouvez honorer votre corps et l'accepter tel qu'il est. Vous n'avez besoin de personne pour vous aimer. L'amour vient de l'intérieur. Il vit en nous et est toujours là, mais en raison de cette barrière de brouillard, nous ne le sentons pas. Vous ne pouvez percevoir la beauté qui réside à l'extérieur que lorsque vous sentez celle qui vit en vous.

Vous avez des croyances sur ce qui est beau et ce qui est laid, et si vous ne vous aimez pas, changez donc de croyances et votre vie se transformera. Ça a l'air simple, mais ce n'est pourtant pas facile. Quiconque contrôle la croyance contrôle le rêve. Donc, lorsque le rêveur contrôle finalement son rêve, celui-ci peut devenir un chef-d'œuvre.

Commencez en effectuant chaque jour une « puja » pour votre corps. En Inde, les gens font des pujas – ou des rituels – en l'honneur des différents dieux et divinités. Au cours de la puja, ils s'inclinent devant leur idole, mettent des fleurs près d'elle et la nourrissent de tout leur amour, parce que ces statues représentent Dieu. Chaque jour, vous pouvez offrir votre dévotion à votre corps, avec amour. Lorsque vous prenez une douche ou un bain, traitez votre corps avec amour, honneur, gratitude et respect. Lorsque vous mangez, prenez une bouchée, fermez les yeux et savourez la nourriture. Cette nourriture est une offrande à votre corps, au temple où vit Dieu. Faites cela chaque jour et vous sentirez l'amour pour votre corps se renforcer, et vous ne vous rejetterez plus jamais.

Essayez d'imaginer comment vous vous sentirez le jour où vous adorerez votre propre corps. Lorsque vous vous accepterez complètement, vous vous sentirez bien dans votre peau et vous serez très heureux.

Dès lors, quand vous aurez des relations avec d'autres personnes, votre tolérance aux mauvais traitements sera proche de zéro. C'est cela l'amour de soi. Il ne s'agit pas d'égoïsme, car vous traiterez les autres avec le même amour, les mêmes honneurs, le même respect et la même gratitude que vous aurez envers vous-même. Voyez-vous la perfection d'une relation comme celle-ci ? Il s'agit simplement d'honorer le Dieu qui est présent en chacun d'entre nous.

Lorsque votre objectif est de créer une relation parfaite entre vous et votre corps, vous apprenez à développer une relation parfaite avec chacun, y compris avec votre mère, vos amis, votre partenaire, vos enfants, votre chien. Lorsqu'il existe une relation parfaite entre vous et votre corps, votre moitié de toutes les relations que vous avez avec d'autres personnes est totalement comblée. Le succès de vos relations ne dépend alors plus de l'extérieur.

Lorsque vous faites une puja pour votre propre corps, lorsque vous savez comment avoir cette dévotion envers vous-même, vous toucherez le corps de l'être aimé avec la même dévotion, le même amour, les mêmes honneurs, la même gratitude. Et lorsque votre partenaire touche votre corps, celui-ci est complètement ouvert ; il n'y a pas de peur, pas de besoin ; il est plein d'amour.

Imaginez toutes les possibilités qu'offre le partage de votre amour de cette manière. Vous et votre partenaire n'avez même plus besoin de vous toucher. Se regarder dans les yeux suffit à satisfaire les besoins de l'esprit et de l'âme. Le corps est déjà satisfait, parce qu'il a tout votre amour. Vous n'êtes plus jamais seul, parce que vous êtes rempli de votre propre amour.

Où que vous alliez, vous serez rempli d'amour, et non seulement par celui des autres humains. Vous pourrez observer un arbre et sentir l'amour qui s'en dégage et vient à vous. Vous pourrez regarder le ciel et les besoins d'amour de votre esprit en seront satisfaits. Vous verrez Dieu partout et ce ne sera plus seulement de la théorie. Dieu est partout. La Vie est partout.

Tout est créé par l'Amour, par la Vie. Même la peur est un reflet de l'amour, mais elle se loge dans la tête et, chez les humains, elle la contrôle. Ensuite, ils interprètent tout en fonction de ce qu'ils ont dans la tête. Si c'est la peur, ils analyseront tout en fonction d'elle. S'ils sont énervés, ils percevront tout en fonction de leur colère. Les émotions agissent comme des filtres à travers lesquels chacun voit le monde.

On peut dire que le regard que nous portons sur le monde est une expression de ce que nous ressentons. Vous percevez le Rêve extérieur en fonction du regard que vous portez sur lui. Lorsque vous êtes fâché, vous voyez le monde avec les yeux de la colère. Si vous avez plutôt les yeux de la jalousie, vous aurez d'autres réactions, parce que vous verrez le monde à travers ce filtre-là. Quand vous avez les yeux de l'agacement, tout vous dérange. Si vous portez ceux de la tristesse, vous vous mettez à pleurer parce qu'il pleut, parce qu'il y a du bruit ou pour n'importe quelle autre raison. Pourtant, la pluie n'est que de la pluie ; il n'y a rien à juger ni à interpréter. Mais vous la percevez en fonction de votre corps émotionnel. Si vous êtes triste, vous verrez donc à travers les yeux de la tristesse, et tout ce que vous percevrez vous semblera triste.

Mais si vous avez les yeux de l'amour, vous ne verrez qu'amour partout où vous irez. Les arbres sont faits d'amour. Les animaux sont faits d'amour. L'eau est faite d'amour. Lorsque vous percevez le monde avec les yeux de l'amour, vous pouvez lier votre volonté à celle d'un autre rêveur et le rêve devient un. Lorsque votre perception est branchée sur l'amour, vous ne faites qu'un avec les oiseaux, avec la nature, avec autrui, avec tout. Vous pouvez alors voir avec les yeux de l'aigle et vous transformer en toute forme de vie. Votre amour vous permet de vous lier à l'aigle et vous devenez ses ailes, ou alors vous devenez la pluie, ou encore les nuages. Mais pour faire, cela, vous devez débarrasser votre esprit de toute peur afin de percevoir avec les yeux de l'amour. Vous devez développer votre volonté jusqu'à ce qu'elle soit assez forte pour se fixer sur celle d'autrui et ne faire qu'un avec celle-ci. Alors, vous disposez d'ailes pour voler, ou vous devenez le vent, vous allez et venez, vous poussez les nuages et laissez le soleil briller. Telle est la puissance de l'amour.

Lorsque nous satisfaisons les besoins de la tête et du corps, nous voyons alors avec les yeux de l'amour. Nous voyons Dieu partout. Nous le voyons même derrière le Parasite d'autrui. En chaque être humain se trouve la Terre Promise dont parlait Moïse à son peuple. Cette Terre Promise existe dans le royaume de l'esprit humain, mais seulement dans un esprit fertile à l'Amour, car c'est là que Dieu réside. Observez un esprit normal et vous verrez que lui aussi est fertile, mais qu'il l'est pour le Parasite qui cultive les semences de l'envie, de la colère, de la jalousie et de la peur.

La tradition chrétienne parle de la venue de Gabriel avec la trompette de la Résurrection : chacun sort alors de sa tombe pour vivre la Vie Éternelle. Cette tombe représente le Parasite et la Résurrection est le retour à la Vie, car vous n'êtes vivant que lorsque vos yeux sont capables de voir la Vie, qui est Amour.

Vous pouvez développer une relation dans laquelle s'accomplira votre rêve de Paradis ; vous pouvez créer ce Paradis, mais il vous faut commencer par vous. Commencez par accepter complètement votre corps. Chassez le Parasite et forcez-le à se rendre. Alors, votre esprit aimera votre corps et il cessera de saboter votre amour. Cela dépend de vous et de personne d'autre. Mais tout d'abord, vous allez apprendre comment guérir votre corps émotionnel.

11

Guérir
le corps émotionnel

Imaginons de nouveau que nous sommes atteints de la maladie de la peau avec des plaies infectées. Si nous voulons guérir, nous irons chez un médecin qui utilisera un scalpel pour inciser les plaies. Ensuite, il les nettoiera, y appliquera un traitement et veillera à ce qu'elles restent propres jusqu'à leur guérison et à la disparition de la douleur.

Pour guérir notre corps émotionnel, nous allons faire exactement la même chose. Il nous faut ouvrir les plaies et les nettoyer, appliquer un traitement et les garder propres jusqu'à leur guérison. Comment allons-nous les ouvrir ? En nous servant de la vérité comme d'un scalpel. Il y a deux mille ans, l'un des grands Maîtres nous a dit : « *Et vous connaîtrez la vérité, et la vérité vous affranchira.* »

La vérité est semblable à un scalpel, parce qu'il est douloureux d'ouvrir nos plaies et de mettre à jour tous les mensonges qu'elles renferment. Les plaies de notre corps émotionnel sont masquées par le système de déni, ce système de mensonges que nous avons créé pour les protéger. Lorsque nous regardons nos plaies avec les yeux de la vérité, nous sommes enfin capables de les guérir.

Commencez en pratiquant la vérité avec vous-même. Lorsque vous êtes vrai avec vous-même, vous commencez à voir chaque chose comme elle est et non comme vous voudriez qu'elle soit.

Prenons un exemple à forte charge émotionnelle : le viol d'une femme. Disons que quelqu'un vous a violée il y a dix ans. Il est donc vrai que vous avez été violée, mais en ce moment même, ce n'est plus vrai. Il s'agissait d'un rêve et dans ce rêve, quelqu'un a abusé de vous. Vous ne l'avez pas cherché : ce qui s'est produit n'avait rien de personnel. Simplement, pour une raison ou une autre, c'est à vous que c'est arrivé, comme cela aurait pu arriver à n'importe qui. Mais est-ce que le fait d'avoir été violée vous condamne à souffrir de votre sexualité jusqu'à la fin de vos jours ? Votre violeur ne vous a pas condamnée à cela. Vous êtes la victime et si vous vous jugez vous-même et que vous vous estimez coupable, pendant combien d'années allez-vous vous punir en ne prenant plus de plaisir à accomplir l'une des choses les plus merveilleuses au monde ? Parfois, un viol peut détruire la sexualité de quelqu'un à vie. Où se trouve la justice là-dedans ? Vous n'êtes pas le violeur : pourquoi donc devriez-vous souffrir à vie de quelque chose que vous n'avez pas commis ? Vous n'êtes pas coupable d'avoir été violée et cependant, le Juge qui se loge dans votre tête peut vous faire souffrir et vivre dans la honte durant de nombreuses années.

Bien entendu, cette injustice provoquera une sérieuse plaie émotionnelle, avec une grosse dose de poison émotionnel, qui nécessitera des années de thérapie pour se dissiper. La vérité est que, oui, vous avez été violée, mais qu'aujourd'hui, vous n'avez plus à souffrir de cette expérience. C'est un choix.

Voilà la première étape de l'utilisation de la vérité comme d'un scalpel : découvrir que l'injustice qui a ouvert une plaie n'est plus vraie maintenant, en cet instant précis ; se rendre compte que la chose qui, à votre avis, vous faisait souffrir n'était même pas vraie. Et même si elle était vraie, cela ne signifie pas qu'elle le soit encore aujourd'hui. En vous servant de la vérité, vous ouvrez donc la plaie et vous voyez l'injustice subie sous un autre angle.

Dans ce monde, la vérité est relative : elle change tout le temps, parce que nous vivons dans un monde d'illusions. Ce qui est vrai maintenant ne l'est pas plus tard. Puis cela peut à nouveau être vrai. La vérité en enfer pourrait aussi n'être qu'un concept bien différent, un autre mensonge utilisé contre vous. Notre propre système de déni est si puissant et si fort que cela devient très compliqué. Il y a des vérités qui recouvrent des mensonges, et des mensonges qui recouvrent des vérités. Comme un oignon que l'on pèle, couche après couche, vous découvrez la vérité petit à petit jusqu'à ce que, à la fin, vous ouvriez les yeux et découvriez que tout le monde, y compris vous-même, ment en permanence.

À peu près tout est mensonge, dans ce monde d'illusions. Voilà pourquoi je demande à mes apprentis d'observer trois règles afin de voir ce qui est vrai :

Règle n° 1 - *Ne me croyez pas*

Vous n'avez pas à me croire, mais à penser et à effectuer des choix. Croyez ce que vous voulez croire, en fonction de ce que je dis, mais seulement si cela a un sens pour vous, si ça vous rend heureux. Si telle idée vous rapproche de votre éveil, faites le choix de la croire. Je suis responsable de ce que je dis, mais pas de ce que vous comprenez. Nous vivons dans des rêves totalement différents. Même si ce que je dis est absolument vrai pour moi, ce n'est pas forcément le cas pour vous. La première règle est donc très facile : *Ne me croyez pas.*

Règle n° 2 (plus difficile) - *Ne vous croyez pas vous-même*

Ne croyez pas aux mensonges que vous vous dites et auxquels vous n'avez jamais fait le choix de croire, mais qu'on vous a programmé à croire. Ne vous croyez pas lorsque vous vous dites que vous n'êtes pas à la hauteur, pas assez intelligent, pas assez fort. Ne croyez pas à vos propres limites et restrictions. Ne croyez pas que vous n'êtes pas digne d'amour et de bonheur. Ne croyez pas que vous n'êtes pas beau ou belle. Ne croyez pas aux choses qui vous font souffrir. Ne croyez pas à vos propres drames. Ne croyez pas à votre propre Juge ni à votre propre Victime. Ne croyez pas la voix intérieure qui vous dit que vous êtes stupide, qui vous pousse au suicide. Ne la croyez pas, car elle n'est pas vraie. Ouvrez vos oreilles, ouvrez votre cœur et écoutez. Lorsque vous entendrez votre cœur vous guider vers votre bonheur, alors faites un choix et tenez-vous y. Mais ne croyez pas tout ce que vous vous dites, car plus de 80 % est mensonger, ce n'est pas vrai. La deuxième règle est donc difficile : *ne vous croyez pas vous-même.*

Règle n° 3 – *Ne croyez personne d'autre*
Ne croyez pas autrui, car les autres mentent de toute façon tout le temps. Lorsque vous êtes libre de toute plaie émotionnelle, lorsque vous n'êtes plus obligé de croire les gens pour être accepté, vous voyez tout plus clairement. Vous distinguez bien si les choses sont noires ou blanches, si elles existent ou non. Ce qui n'est pas juste à l'instant le sera peut-être dans un moment. Tout change si vite. Mais quand vous êtes conscient, attentif, vous pouvez voir ces changements. Ne croyez pas les autres, parce qu'ils utili-

seront votre propre stupidité pour manipuler votre esprit. Ne croyez pas ceux qui vous disent venir des Pléiades pour sauver le monde. Pas de chance ! Nous n'avons besoin de personne pour venir sauver le monde. Le monde n'a pas besoin d'extraterrestres pour être sauvé. Il est vivant : c'est un être vivant, plus intelligent que nous tous. Si nous croyons que le monde a besoin d'être sauvé, quelqu'un se présentera bientôt et dira : « *Bon, une comète arrive, il nous faut fuir cette planète. Suicidez-vous et hop, vous atteindrez la comète, puis vous irez au ciel.* » Ne croyez pas ces mythes. Créez votre propre rêve de paradis ; personne ne le créera pour vous. Seul le bon sens vous guidera vers votre propre bonheur, votre propre création. La troisième règle est difficile parce que nous avons besoin de croire les autres. *Ne les croyez pas.*

Ne me croyez pas, ne vous croyez pas vous-même et ne croyez personne d'autre.

En cessant de croire, tout ce qui n'est pas vrai se dissipera comme de la fumée dans ce monde d'illusions. Toute chose est ce qu'elle est. Vous n'avez pas à justifier ce qui est vrai ; vous n'avez pas à l'expliquer. Ce qui est vrai n'a besoin du soutien de personne. Seuls vos mensonges ont besoin de votre soutien. Vous créez un mensonge pour justifier le précédent, puis un autre pour soutenir celui-là, et ainsi de suite. Vous créez toute une structure mensongère qui, lorsque la vérité surgit, s'effondre. Les choses sont ainsi, simplement. Vous n'avez pas à vous sentir coupable de mentir.

La plupart des mensonges auxquels nous croyons se dissipent simplement si nous n'y croyons plus. Toute chose non vraie ne survit pas au scepticisme ; seule la vérité y survit. Ce qui est vrai est vrai, que vous y croyez ou non. Votre corps est constitué d'atomes. Vous n'avez pas à y croire. Que vous y croyez ou non, c'est la vérité. L'univers est fait d'étoiles ; c'est vrai, que vous y croyez ou non. Seul ce qui est vrai subsistera, y compris les concepts que vous avez à propos de vous-même.

On a vu que lorsque nous étions enfants, nous n'avons pas eu la possibilité de choisir que croire ou ne pas croire. Maintenant, les choses sont différentes. Aujourd'hui, nous sommes adultes, nous avons le pouvoir d'effectuer des choix. Nous pouvons croire ou refuser de croire. Même si quelque chose n'est pas vrai, si nous choisissons d'y croire, nous pouvons le faire simplement parce que nous le *voulons*. Vous pouvez choisir la façon dont vous voulez vivre votre vie. Et si vous êtes honnête avec vous-même, vous saurez que vous êtes toujours libre de faire de nouveaux choix.

Lorsque nous sommes disposés à voir avec les yeux de la vérité, nous mettons à jour certains de nos mensonges et ouvrons nos plaies. Mais il y a toujours du poison dans ces plaies.

Une fois les plaies ouvertes, il faut en extraire tout le poison. Comment procéder ? Le même Maître nous en a donné la solution il y a deux mille ans :

le Pardon. Il n'y a pas d'autre moyen que le pardon pour nettoyer les plaies de tout leur poison.

Il vous faut pardonner à tous ceux qui vous ont fait du tort, même si cela semble impardonnable à votre mental. Vous leur pardonnerez non pas parce qu'ils le méritent, mais parce que vous ne voulez plus souffrir ni vous faire du mal chaque fois que vous vous rappelez ce qu'ils vous ont fait. Peu importe leurs actes : vous leur pardonnerez parce que vous ne voulez plus vous sentir mal chaque fois que vous y repensez. Le pardon servira à votre propre guérison mentale. Vous pardonnerez parce que vous ressentez de la compassion pour vous-même. Le pardon est un acte d'amour envers soi-même.

Prenons l'exemple d'une femme divorcée. Imaginons que vous avez été mariée dix ans, au cours desquels, pour une raison ou une autre, vous avez eu une fois une violente dispute avec votre mari à propos d'une grosse injustice. Désormais, rien que d'entendre prononcer son nom, vous ressentez une violente douleur dans l'estomac et vous avez envie de vomir. Le poison émotionnel est si fort que vous ne pouvez plus le supporter. Vous avez besoin d'aide et vous allez donc consulter un thérapeute. Vous lui dites : « *Je souffre tellement. Je suis pleine de colère, de jalousie et d'envie. Ce qu'il a fait est impardonnable. Je hais cet homme.* » Alors, le thérapeute vous dit : « *Vous devez libérer vos émotions, exprimer votre colère. Vous devriez vous octroyer une bonne crise de décharge. Prenez un oreiller, mordez-le, frappez-le et libérez votre colère.* » Vous y allez et vous vous offrez la colère de votre vie, libérant ainsi toutes ces émotions. Ça semble vraiment marcher. Vous payez vos 75 euros de consultation et vous dites : « *Merci beaucoup : je me sens beaucoup mieux.* » Enfin, un grand sourire se dessine sur votre visage.

Vous sortez de chez votre thérapeute et devinez qui passe par là en voiture ? À peine apercevez-vous votre ex-mari que la même colère remonte en vous, mais pire encore. Il vous faut donc retourner en vitesse chez votre thérapeute et lui payer 75 euros de plus pour une autre crise de colère. La libération des émotions par ce moyen-là ne vous offre donc qu'une solution temporaire. Elle peut libérer un peu de poison et vous donner un soulagement provisoire, mais elle ne guérit pas la plaie.

La seule façon de guérir ses plaies est le pardon. Vous devez pardonner cette injustice à votre mari. Et vous saurez que vous avez pardonné à quelqu'un quand vous pourrez le revoir et ne plus rien sentir. Vous pourrez entendre prononcer son nom sans réaction émotionnelle. Quand l'une de vos plaies peut être touchée sans que vous ayez mal, vous savez que vous avez vraiment pardonné. Bien sûr, il restera une cicatrice, tout comme sur la peau. Il vous restera un souvenir de ce qui s'est produit, de ce que vous étiez auparavant ; mais une fois la plaie guérie, vous n'aurez plus mal.

Vous vous dites peut-être : « *C'est facile à dire qu'on doit pardonner. J'ai essayé, mais je n'y arrive pas.* » Et vous avez plein de raisons et de justifications pour ne pas pardonner. Mais ce n'est pas la vérité. La vérité est que vous ne pouvez pas pardonner parce qu'on vous a appris à ne pas pardonner, que vous vous êtes entraîné à ne pas pardonner, que vous êtes devenu maître dans l'art de ne pas pardonner.

Il fut une époque, lorsque nous étions enfants, où le pardon était instinctif. Avant d'attraper cette maladie mentale dont nous souffrons, pardonner était naturel et ne demandait aucun effort. Nous pardonnions presque instantanément. Regardez deux enfants qui jouent ensemble et qui commencent à se battre et à se frapper. Ils pleurent et courent vers leurs mères : « *Il m'a tapé !* » Une des mères décide d'aller parler à l'autre. Elles se disputent sur cet incident tandis que, cinq minutes plus tard, les deux enfants jouent de nouveau ensemble comme si rien ne s'était produit. Les mères, quant à elles, vont se détester jusqu'à la fin de leurs jours.

Nous n'avons pas à apprendre à pardonner, car cette capacité est innée en nous. Mais devinez ce qui s'est passé ? On nous a appris le contraire et nous nous sommes entraînés à faire le contraire, au point que pardonner est désormais très difficile. Que quelqu'un nous fasse quelque chose et c'est fini : nous tirons un trait sur cette personne. Nous en faisons une question de fierté. Pourquoi ? Parce que notre ego se renforce lorsque nous ne pardonnons pas. Notre opinion semble plus puissante lorsque nous disons d'une personne : « *Quoi qu'elle fasse, je ne le lui pardonnerai pas. Ce qu'elle a fait est impardonnable.* »

Le vrai problème est l'orgueil. À cause de l'orgueil, à cause de l'honneur, on jette de l'huile sur le feu de l'injustice pour se souvenir de ne pas pardonner. Mais devinez qui va souffrir et accumuler de plus en plus de poison émotionnel ? C'est nous qui souffrirons de tout ce que les gens feront autour de nous, même si cela n'a rien à voir avec nous.

On apprend aussi à souffrir pour punir ceux qui ont abusé de nous. On se comporte comme l'enfant qui pique une crise juste pour attirer l'attention de ses parents. Je me fais mal pour dire : « *Regardez ce que j'ai fait à cause de vous.* » C'est plutôt comique, mais c'est exactement ce que nous faisons. Ce qu'on aurait vraiment envie de dire, c'est : « *Dieu, pardonne-moi.* » Mais on ne dit rien tant que Dieu ne vient pas d'abord nous demander pardon le premier. Souvent, on ne sait même pas pourquoi on est tellement remonté contre ses parents, ses amis, son partenaire. On est tout chamboulé et si, par hasard, l'autre nous demande de lui pardonner, on éclate en sanglots en disant : « *Oh non, c'est à toi de me pardonner.* »

Allez trouver le petit enfant qui fait sa crise dans son coin. Prenez votre orgueil et mettez-le à la poubelle. Vous n'en avez pas besoin. Libérez-vous de votre ego et demandez pardon. Pardonnez aux autres et vous verrez des miracles se produire dans votre vie.

Commencez par faire d'abord une liste de tous ceux à qui vous pensez devoir demander pardon. Puis demandez-leur pardon. Même si vous n'avez pas le temps d'appeler tout le monde, demandez leur pardon dans vos prières et par le biais de vos rêves. Ensuite, faites la liste de tous ceux qui vous ont blessé, de tous ceux à qui vous devez pardonner. Commencez par vos parents, vos frères et sœurs, vos enfants, votre conjoint, vos amis, votre chat, votre chien, le gouvernement et Dieu.

Ensuite, vous allez leur pardonner en vous disant que, quoi qu'ils vous aient fait, cela n'avait rien à voir avec vous. Chacun rêve son propre rêve, vous vous rappelez ? Les mots et les actes qui vous ont blessé ne sont que les réactions de telle personne aux démons logés dans son esprit. Elle rêve en enfer et vous ne jouez qu'un rôle secondaire dans son rêve. Rien de ce que fait autrui n'est provoqué par vous. Une fois que vous êtes conscient de cela et que vous ne faites plus une affaire personnelle de ce qui vous est arrivé, la compassion et la compréhension vous conduiront au pardon.

Commencez à travailler sur le pardon : commencez à le mettre en pratique. Ce sera difficile au début, puis cela deviendra une habitude. La seule façon de recouvrer votre capacité à pardonner est de vous exercer à nouveau. Entraînez-vous encore et encore, jusqu'à ce que vous parveniez à vous pardonner à vous-même. À un certain point, vous verrez que vous devez vous pardonner pour toutes les plaies et tout le poison que vous vous êtes infligés dans votre propre rêve. Lorsque vous vous pardonnez, vous commencez à vous accepter et votre amour pour vous-même se met à croître. C'est là le pardon suprême : lorsque vous vous pardonnez enfin à vous-même !

Faites acte de pouvoir en vous pardonnant pour tout ce que vous avez fait dans votre existence tout entière. Et si vous croyez aux vies antérieures, pardonnez-vous tout ce que vous croyez avoir fait dans toutes vos vies précédentes. Le concept du karma n'est vrai que parce que nous le croyons tel. À cause de ce que nous croyons être bien ou mal, nous ressentons de la honte pour ce qui nous semble être mal. Nous nous estimons coupables, nous croyons devoir être punis et nous nous punissons. Nous croyons que ce que nous avons créé est si sale que ça doit être nettoyé. Et puisque nous le croyons, eh bien : « *Que ta volonté soit faite.* » Cela devient vrai pour nous. Vous créez votre karma et vous devez ensuite le payer. Vous voyez comme vous êtes puissant ! Il est pourtant facile de briser des vieux karmas. Mettez fin à cette croyance en refusant d'y croire et votre karma aura disparu. Vous n'avez pas à souffrir, vous n'avez rien à payer : tout est fini. Si vous parvenez à vous pardonner, le karma disparaît simplement. À partir de là, vous pouvez tout redémarrer. La vie devient alors facile, parce que le pardon est la seule façon de nettoyer des plaies émotionnelles. Le pardon est la seule manière de guérir.

Une fois que les plaies sont nettoyées, on peut utiliser un remède puissant pour accélérer le processus de guérison. Il nous vient aussi du même grand Maître : c'est l'Amour. L'amour est le remède qui accélère le processus de guérison. Il n'y en a pas d'autre que l'amour inconditionnel. Il ne s'agit pas de dire : « *Je t'aime si, je m'aime si.* » Il n'y a pas de *si*. Il n'y a pas de justification, pas d'explication. Il n'y a que de l'amour. Aimez-vous, aimez votre voisin et aimez vos ennemis. C'est simple, ce n'est que du bon sens, mais nous ne pouvons pas aimer les autres si nous ne nous aimons pas nous-mêmes. C'est pourquoi nous devons commencer par l'amour de soi.

Il y a des millions de façons pour exprimer votre bonheur, mais il n'y a qu'une seule manière d'être vraiment heureux : celle d'aimer. Vous ne pouvez pas être heureux si vous ne vous aimez pas. C'est un fait. Vous ne pouvez pas partager ce que vous ne possédez pas. Si vous ne vous aimez pas, vous ne pouvez aimer personne d'autre non plus. Mais vous pouvez avoir besoin d'amour, et si celui que vous convoitez a aussi besoin de vous, alors les humains parlent d'amour. Mais ce n'en est pas. C'est de la possessivité, c'est de l'égoïsme, c'est vouloir contrôler l'autre sans respect. Ne vous mentez pas ; ce n'est pas cela l'amour.

Seul l'amour qui vient de vous vous rendra heureux. Un amour inconditionnel pour vous-même. Un abandon total à cet amour pour vous. Vous ne résistez plus à la vie. Vous ne vous rejetez plus. Vous êtes libre du fardeau de la honte et de la culpabilité. Vous acceptez simplement qui vous êtes et aussi les autres tels qu'ils sont. Vous avez le droit d'aimer, de sourire, d'être heureux, de partager votre amour, et aussi de ne pas avoir peur d'en recevoir.

C'est cela, la guérison. Simplement ces trois points : la vérité, le pardon et l'amour de soi. Avec ces trois points, le monde entier peut guérir et cesser d'être un hôpital psychiatrique.

C'est Jésus qui nous a donné ces trois clés pour guérir l'esprit, mais il n'est pas le seul. Bouddha et Krishna ont fait la même chose. De nombreux autres Maîtres sont parvenus aux mêmes conclusions et nous ont donné les mêmes leçons. Dans le monde entier, du Japon au Mexique, au Pérou, à l'Égypte et à la Grèce, des hommes ont existé qui étaient guéris. Ils ont compris que l'esprit de l'homme était malade et ils ont utilisé ces trois méthodes : la vérité, le pardon et l'amour de soi. Si nous parvenons à voir notre état d'esprit habituel comme une maladie, nous découvrirons alors qu'il existe un remède. Nous n'avons plus besoin de continuer à souffrir ; si nous sommes conscients que notre esprit est malade, que notre corps émotionnel est blessé, nous pouvons également guérir.

Imaginez ce que serait notre vie si tous les humains pouvaient commencer à être vrais avec eux-mêmes, à se pardonner et à aimer tout le monde. Si chacun aimait ainsi, il n'y aurait plus d'égoïsme ; chacun s'ouvrirait pour donner et recevoir et les gens cesseraient de se juger les uns les autres. La médisance cesserait elle aussi et le poison émotionnel se dissou-drait tout simplement.

Nous aurions alors un Rêve de la Planète complè-tement différent. Cela ne ressemblerait plus à la pla-nète Terre. C'est ce que Jésus appelait le « *Royaume des Cieux* », c'est le « *Nirvana* » de Bouddha, la « *Terre promise* » de Moïse. C'est un lieu où nous pouvons tous vivre dans l'amour, car notre atten-tion se porte sur l'amour. Nous choisissons d'aimer.

Quel que soit le nom que vous donniez à ce nou-veau Rêve, c'est toujours un rêve, aussi réel ou illu-soire que le rêve de l'enfer. Mais désormais, vous pouvez choisir le rêve que vous voulez rêver. Vous avez désormais en mains les outils pour vous guérir. La seule question est : qu'allez-vous en faire ?

12

Dieu en vous

Vous êtes la force qui joue avec votre esprit et qui utilise votre corps comme son jouet favori pour s'amuser. Voilà la raison pour laquelle vous êtes ici : pour jouer et vous amuser. Nous naissons avec le droit d'être heureux et de jouir de notre vie. Nous ne sommes pas ici pour souffrir. Si quelqu'un souhaite souffrir, il est libre de le faire, mais personne n'y est contraint.

Alors, pourquoi souffrons-nous ? Parce que le monde entier souffre et que nous supposons donc qu'il est normal de souffrir. Par la suite, nous créons un système de croyances qui justifie cette « vérité ». Les religions nous disent que nous sommes venus ici pour souffrir, que la vie est une vallée de larmes. Souffrez aujourd'hui, soyez patient et vous serez récompensé une fois mort. Ça a l'air formidable, mais ce n'est pas vrai.

Nous choisissons de souffrir parce que nous avons appris à souffrir. Si nous continuons à faire les mêmes choix, nous continuerons de souffrir. Le Rêve de la Planète contient l'histoire de l'humanité et l'évolution des humains ; or, la souffrance est le résultat de l'évolution humaine. Nous, humains, souffrons, parce que nous savons ; nous savons ce que nous croyons et nous croyons tous les mensonges qu'on nous a inculqués, et comme nous ne parvenons pas à nous y conformer, nous souffrons.

Il n'est pas vrai que vous allez en enfer ou au paradis après votre mort. Oui, vous vivez en enfer et au paradis, mais maintenant. L'enfer et le paradis n'existent que dans notre esprit. Si nous souffrons maintenant, nous souffrirons encore après notre mort, car l'esprit ne meurt pas avec le cerveau. Le rêve continue et s'il est infernal, lorsque notre cerveau est mort, nous continuerons de rêver le même enfer. La seule différence entre la mort et le sommeil est que, lorsqu'on dort, on peut se réveiller, puisqu'on a un cerveau. Lorsqu'on est mort, on ne peut plus se réveiller puisqu'on n'a plus de cerveau ; mais le rêve est toujours là.

L'enfer et le paradis sont présents ici et maintenant. Vous n'avez pas à attendre d'être mort. Si vous assumez la responsabilité de votre vie, de vos actes, votre futur est alors entre vos mains et vous pouvez connaître le paradis en étant encore en vie.

Le rêve que créent la plupart des humains est, de toute évidence, infernal. Cela n'est ni juste ni faux, ni bon ni mal, et il n'y a de reproches à faire à personne. Faut-il en accuser nos parents ? Non. Ils ont fait de leur mieux en vous programmant quand vous étiez enfant. Et ainsi, il en va de même pour leurs propres parents : ils avaient fait de leur mieux. Si vous aviez des enfants, vous ne sauriez pas non plus agir autrement. Comment pouvez-vous vous faire des reproches ? Devenir conscient ne signifie pas qu'il faille accuser quiconque ni se sentir coupable de ce qu'on a fait. Comment peut-on avoir honte ou se sentir coupable d'une maladie qui est hautement contagieuse ?

Tout ce qui existe est parfait. Vous êtes parfait tel que vous êtes. C'est la vérité. Vous êtes un maître. Même si vous êtes maître de la colère et de la jalousie, votre colère et votre jalousie sont parfaites. Même si votre vie est faite de nombreux drames, ceux-ci sont parfaits, ils sont merveilleux. Vous pouvez aller voir un film comme *Autant en emporte le vent* et pleurer durant toute la séance. Qui dit que l'enfer n'est pas beau ? Il peut vous inspirer. Même l'enfer est parfait, car seule la perfection existe. Même si vous rêvez l'enfer dans votre propre existence, vous êtes parfait tel que vous êtes.

C'est seulement notre savoir qui nous fait croire que nous ne sommes pas parfaits. Mais le savoir n'est rien d'autre qu'une description du Rêve. Le Rêve n'étant pas réel, le savoir ne l'est pas non plus. D'où qu'il vienne, le savoir n'est réel que d'un certain angle de perception. Nous ne nous trouverons donc jamais nous-mêmes grâce à lui. Et au bout du compte, c'est bien ce que nous cherchons : à nous trouver, à être nous-mêmes, à vivre notre vie et non celle du Parasite, c'est-à-dire celle qu'on nous a programmés à vivre.

Ce n'est pas le savoir qui nous conduira à nous-mêmes, mais la sagesse. Il faut distinguer l'un de l'autre car ils sont différents. On se sert principalement du savoir pour communiquer avec les autres, pour se mettre d'accord sur ce que l'on perçoit. Le savoir est notre outil pour communiquer, parce que nous ne communiquions pour ainsi dire pas de cœur à cœur. L'important, c'est notre façon d'utiliser notre savoir car nous en devenons les esclaves et nous ne sommes plus libres.

La sagesse concerne la liberté ; elle n'a rien à voir avec le savoir. Lorsque vous êtes sage, vous êtes libre d'utiliser votre propre esprit et de gouverner votre vie. Un esprit sain est un esprit libéré du Parasite ; il est libre comme il l'était avant sa domestication. Lorsque vous guérissez votre esprit, vous vous libérez du Rêve, et alors, vous n'êtes plus innocent, mais sage. Vous êtes à nouveau semblable à un enfant à bien des égards, mais avec une grosse différence : l'enfant est innocent, il ne sait pas et c'est pourquoi il peut chuter dans la souffrance et le malheur. Mais celui qui a transcendé le Rêve est sage ; c'est pourquoi il ne retombe plus car désormais, il sait ; il possède la connaissance du Rêve.

Vous n'avez pas besoin d'accumuler le savoir pour devenir sage ; tout le monde peut devenir sage. Tout le monde. Une fois sage, la vie devient facile car vous devenez qui vous êtes vraiment. Par contre, il est difficile de s'efforcer d'être qui vous n'êtes pas, d'essayer de vous convaincre, ainsi que les autres, que vous êtes quelqu'un d'autre. Jouer à ce jeu-là vous vide de toute votre énergie alors qu'être vous-même n'exige aucun effort.

Lorsque vous devenez sage, vous n'avez plus besoin d'utiliser toutes les images que vous avez créées ; vous n'avez plus à prétendre être quelqu'un d'autre. Vous vous acceptez tel que vous êtes et cette acceptation totale de vous-même débouche sur l'acceptation totale d'autrui. Vous n'essayez plus de changer les autres ni d'imposer votre point de vue. Vous respectez les croyances d'autrui. Vous acceptez votre corps et votre propre humanité, ainsi que tous vos instincts. Il n'y a rien de mal à être un animal. Nous sommes des animaux, et les animaux suivent toujours leurs instincts. Mais nous sommes aussi humains, et comme nous sommes intelligents, nous apprenons à réprimer nos instincts ; nous n'écoutons pas ce qui vient du cœur. Et voilà pourquoi nous agissons à l'encontre de notre propre corps et essayons de réprimer ses besoins ou de nier leur existence. Ce n'est pas faire preuve de sagesse.

Lorsque vous devenez sage, vous respectez votre corps, vous respectez votre esprit, vous respectez votre âme. Votre vie est alors régie par votre cœur, non pas par votre tête. Vous cessez de vous saboter vous-même et de saboter votre bonheur et votre amour. Vous n'avez plus honte et ne vous sentez plus coupable ; vous mettez fin à tous ces jugements envers vous-même et vous ne jugez plus personne. À partir de cet instant, toutes les croyances qui vous rendaient malheureux, qui vous poussaient à vous battre dans la vie et rendaient celle-ci difficile, disparaissent purement et simplement.

Abandonnez toutes les idées que vous cultiviez concernant qui vous êtes et devenez votre être véritable. Lorsque vous vous abandonnez à votre vraie nature, à ce que vous êtes réellement, vous ne souffrez plus. Lorsque vous vous abandonnez à votre vrai moi, vous vous en remettez à la Vie, à Dieu. Une fois ce pas franchi, il n'y a plus de lutte, plus de résistance, plus de souffrance.

Étant sage, vous recherchez la facilité, c'est-à-dire être vous-même, qui que vous soyez. Souffrir, ce n'est rien d'autre que résister à Dieu. Plus vous résistez et plus vous souffrez. C'est simple.

Imaginez que du jour au lendemain, vous vous réveilliez du Rêve et que vous soyez complètement sain. Vous n'avez plus de plaies ni de poison émotionnel. Imaginez la liberté que vous ressentirez. Tout vous rendra heureux d'être simplement en vie, où que vous alliez. Pourquoi ? Parce qu'un être humain sain n'a plus peur d'aimer. Vous n'aurez ni peur d'être en vie, ni peur d'exprimer votre amour. Imaginez comment vous vivriez votre vie, comment vous vous comporteriez avec vos proches si vous n'aviez plus de plaies ni de poison dans votre corps émotionnel.

Dans les écoles de mystère du monde entier, on appelle cela l'éveil. C'est exactement comme si vous vous réveilliez un jour et que vos plaies s'étaient envolées. À ce moment-là, les frontières disparaissent et vous voyez toutes choses telles qu'elles sont et non plus en fonction de vos croyances.

Lorsque vous ouvrez les yeux, libéré de vos plaies, vous devenez un sceptique, mais non pour accroître votre ego et montrer à tout le monde combien vous êtes intelligent, ni pour se moquer de ceux qui croient encore à tous ces mensonges. Non. Lorsque vous vous éveillez, vous devenez un sceptique parce qu'il est clair à vos yeux que le Rêve n'est pas vrai. Vous ouvrez les yeux, vous êtes éveillé et tout devient évident.

Lorsque vous vous éveillez, vous franchissez une ligne de non-retour et vous ne pouvez plus jamais voir le monde comme avant. Vous rêvez encore car on ne peut éviter de rêver – puisque c'est la fonction de l'esprit – mais maintenant, vous savez que vous rêvez. Sachant cela, vous pouvez pleinement jouir du rêve ou en souffrir. Cela dépend de vous.

Être éveillé, c'est comme si vous étiez à une réception où des milliers de personnes sont saoules, sauf vous. Vous êtes la seule personne sobre. C'est cela l'éveil, car en réalité, la plupart des humains voient le monde à travers le filtre de leurs plaies émotionnelles, de leur poison émotionnel. Ils ne sont pas conscients de rêver un rêve d'enfer, tout comme les poissons n'ont pas conscience de vivre dans l'eau.

Quand nous prenons conscience d'être la seule personne sobre au milieu d'une foule ivre, nous pouvons faire preuve de compassion car nous aussi, nous étions saouls auparavant. Nous n'avons pas à juger, pas même ceux qui sont en enfer car nous y étions aussi.

Lorsque vous vous éveillez, votre cœur devient une expression de l'Esprit, une expression de l'Amour, une expression de la Vie. L'éveil, c'est quand vous réalisez que vous êtes la Vie. Quand vous êtes conscient que vous êtes cette force qu'est la Vie, tout devient possible. Des miracles se produisent sans cesse, car c'est l'œuvre du cœur. Le cœur est en communion directe avec l'âme, et quand le cœur parle, même avec la résistance de la tête, quelque chose change en vous ; votre cœur peut ouvrir un autre cœur et l'amour véritable devient possible.

En Inde, il existe une vieille histoire sur le Dieu Brahma, qui se trouvait tout seul. Rien d'autre n'existait que Brahma, et il s'ennuyait à mourir. Un jour, il décida donc de jouer à un jeu, mais il n'y avait personne avec qui jouer. Il créa donc une déesse magnifique, Maya, simplement pour pouvoir s'amuser. Lorsque Maya apparut et que Brahma lui expliqua le but de son existence, elle dit : « *D'accord, jouons donc au jeu le plus merveilleux qui soit. Mais tu dois faire ce que je te dis.* » Brahma donna son accord et, suivant les instructions de Maya, créa l'univers tout entier. Il créa le soleil et les étoiles, la lune et les planètes. Puis, il créa la vie sur terre : les animaux, les océans, l'atmosphère. Tout.

Maya lui dit : « *Ce monde d'illusions que tu as créé est magnifique. Je veux maintenant que tu crées une sorte d'animal qui soit si intelligent et conscient qu'il apprécie ta création.* » Brahma créa donc les humains. Et lorsqu'il eut achevé la création, il demanda à Maya quand le jeu allait commencer.

« *On commence tout de suite* », dit-elle. Elle prit Brahma et le coupa en milliers de minuscules morceaux qu'elle mit en chaque être humain. Elle dit alors : « *Le jeu commence ! Je vais te faire oublier qui tu es et tu essaieras de le découvrir par toi-même !* » Maya créa le Rêve et, à ce jour, Brahma essaie toujours de se rappeler qui il est. Brahma est là, en vous, et Maya vous empêche de vous souvenir de qui vous êtes.

Lorsque vous vous éveillez du Rêve, vous redevenez Brahma et vous recouvrez votre divinité. Alors, si Brahma en vous dit : « *Bon, je suis éveillé ; mais qu'en est-il du reste de moi ?* », comme vous connaissez les astuces de Maya, vous pouvez partager la vérité avec d'autres qui pourront, eux aussi, s'éveiller. Deux personnes sobres dans une réception remplie d'ivrognes peuvent davantage s'amuser. Trois personnes sobres, c'est encore mieux. Commencez par vous-même. Ensuite, les autres se mettront à changer, jusqu'à ce que tout le rêve, toute la réception soit sobre.

Les enseignements qui nous viennent de l'Inde, des Toltèques, des Chrétiens, des Grecs – de toutes les civilisations du monde – découlent de la même vérité. Tous parlent de recouvrer sa divinité et de trouver Dieu en soi. Tous nous disent d'ouvrir notre cœur et d'acquérir la sagesse. Pouvez-vous imaginer ce que serait ce monde si tous les humains ouvraient leur cœur et y trouvaient l'amour ? Nous pouvons le faire. Chacun peut le faire à sa manière. Il ne s'agit pas de suivre des dogmes imposés ; il s'agit de vous trouver vous-même et de vous exprimer de la façon qui vous est propre. Voilà pourquoi votre vie est une œuvre d'art. *« Toltèque »* signifie *« artiste de l'esprit »*. Les Toltèques sont ceux qui s'expriment avec le cœur, ceux qui ont un amour inconditionnel.

Vous êtes en vie grâce à la puissance de Dieu, qui est la puissance de la Vie. Vous êtes la force de Vie, mais étant capable de penser, vous avez oublié qui vous êtes. Il est alors facile de penser : *« Oh, mais il y a Dieu. Dieu est responsable de tout. Dieu me sauvera. »* Non. Dieu est simplement venu vous dire – dire à Dieu en vous – que vous devez être conscient, faire un choix, avoir le courage de vous frayer un chemin à travers vos peurs et les transformer, afin de ne plus craindre d'aimer. La peur d'aimer est la peur la plus importante cultivée par les hommes. Pourquoi ?

Parce que dans le Rêve de la Planète, avoir le cœur brisé fait de nous une victime, un « *pauvre de moi* ».

Vous vous demandez peut-être : « *Si nous sommes vraiment la Vie ou Dieu, comment se fait-il que nous ne le sachions pas ?* » Parce que nous avons été programmés pour ne pas le savoir. On nous enseigne ceci : « *Vous êtes humain ; voici vos limites.* » Et ensuite, nous limitons nos possibilités à cause de nos propres peurs. Vous êtes ce que vous croyez être. Les humains sont des magiciens puissants. Lorsque vous croyez être qui vous êtes, c'est effectivement ce que vous devenez. Et vous pouvez accomplir cela parce que vous êtes la Vie, vous êtes Dieu, l'Intention. Vous êtes capable de vous transformer en ce que vous êtes maintenant. Mais ce n'est pas votre raison qui contrôle votre puissance ; ce sont vos croyances.

Vous voyez que tout tourne autour de la croyance. Quelles que soient les choses aux-quelles nous croyons, c'est elles qui gouvernent notre existence, qui dirigent notre vie. Le système de croyances que nous nous créons est comme une petite boîte dans laquelle nous nous enfermons ; nous ne pouvons pas nous en échapper car nous croyons en être incapables. Telle est notre situa-tion. Les humains créent leurs propres limites, leurs propres frontières. Nous décidons ce qui est humainement possible ou non. Puis, comme nous le croyons, cela devient vrai pour nous.

Les prophéties Toltèques ont annoncé la venue d'un nouveau monde, d'une nouvelle humanité dans laquelle les humains assumeront la responsabilité de leurs propres croyances et de leur existence. Le temps approche où vous serez votre propre gourou. Vous n'avez pas besoin que d'autres humains vous disent quelle est la Volonté de Dieu. Désormais, ce sont vous et Dieu, face-à-face, sans aucun intermédiaire. Vous cherchiez Dieu et vous l'avez trouvé en vous. Dieu n'est plus là-bas, hors de vous.

Lorsque vous savez que la puissance de la Vie se trouve en vous, vous acceptez votre propre Divinité ; vous restez humble parce que vous voyez la même Divinité en chacun. Vous constatez à quel point il est facile de comprendre Dieu parce que toute chose en est une manifestation. Le corps mourra, l'esprit se dissoudra aussi, mais pas vous. Vous êtes immortel ; vous existez depuis des milliards d'années sous diverses formes, parce que vous êtes la Vie et que la Vie ne peut pas mourir. Vous êtes dans les arbres, dans les papillons, les poissons, dans l'air, la lune et le soleil. Où que vous alliez, vous êtes là à vous attendre vous-même.

Votre corps est un temple, un temple vivant dans lequel Dieu vit. Votre esprit est un temple vivant dans lequel Dieu vit. Dieu vit en vous en tant que Vie. La preuve que Dieu vit en vous est que vous êtes vivant. Votre Vie en est la preuve. Bien entendu, il y a des déchets et du poison émotionnel qui encombrent votre esprit, mais Dieu est aussi là.

Vous n'avez rien à faire pour atteindre Dieu ou l'illumination, ou pour vous éveiller. Personne ne peut vous conduire à Dieu. Quiconque dit qu'il vous guidera jusqu'à Dieu est un menteur, parce que vous y êtes déjà. Il n'y a qu'un seul être vivant et, que vous le vouliez ou non, que vous y résistiez ou non, vous êtes déjà avec Dieu, sans effort.

La seule chose à faire est de jouir de la vie, d'être vivant, de guérir le corps émotionnel afin de créer sa vie de telle manière que nous puissions partager ouvertement tout l'amour que nous portons en nous.

Le monde entier peut vous aimer, mais cet amour ne vous rendra pas heureux. Seul l'amour qui émane de vous vous rendra heureux. C'est cet amour-là qui fera toute la différence, et non celui que les autres ont pour vous. L'amour que vous avez pour chacun est votre moitié de la relation ; l'autre moitié peut provenir d'un arbre, d'un chien, d'un nuage. Vous représentez l'une de ces moitiés ; l'autre est ce que vous percevez. Vous êtes une moitié en tant que rêveur, et le rêve en est l'autre moitié.

Vous êtes toujours libre d'aimer. Si vous faites le choix de démarrer une relation et que votre partenaire joue le même jeu que vous, quel cadeau ! Lorsque votre relation se situera totalement hors de l'enfer, vous vous aimerez tellement que vous n'aurez plus du tout besoin l'un de l'autre. C'est par votre propre volonté que vous serez ensemble, afin de créer de la beauté. Et ce que vous créerez ensemble, c'est un rêve paradisiaque.

Vous êtes déjà un maître de la peur et du rejet de soi ; vous êtes prêt maintenant à revenir à l'amour de vous-même. Vous pouvez devenir si fort et si puissant que votre amour pour vous vous permettra de transformer votre rêve de peur en un rêve d'amour et votre souffrance en bonheur. Alors, comme le soleil, vous ne ferez que diffuser votre lumière et votre amour en permanence, sans conditions. Et lorsque vous aimez sans conditions, l'humain et le Dieu en vous s'harmonisent avec l'Esprit de la Vie qui se meut en vous. Votre vie devient l'expression de la beauté de l'Esprit. La vie n'est qu'un rêve et si vous créez votre existence avec amour, votre rêve devient un chef-d'œuvre.

13

Prières

S'il vous plaît, accordez-vous quelques instants pour fermer les yeux, ouvrir votre cœur et sentir tout l'amour qui s'en écoule.

J'aimerais que vous vous joigniez à moi pour une prière spéciale, destinée à vivre un instant de communion avec notre Créateur.

Concentrez votre attention sur vos poumons, comme si eux seuls existaient. Sentez le plaisir qu'ils vous procurent quand ils se gonflent pour satisfaire le besoin le plus important du corps humain : respirer.

Inspirez profondément et sentez l'air à mesure qu'il remplit vos poumons. Sentez comme cet air est fait d'amour. Prêtez attention au lien qu'il y a entre l'air et les poumons, qui est un lien d'amour. Gonflez vos poumons d'air, jusqu'à ce que votre corps ait besoin de chasser cet air. Expirez alors et sentez à nouveau le plaisir que cela vous procure. Chaque fois que nous satisfaisons un besoin du corps humain, nous y trouvons du plaisir. Respirer nous procure du plaisir. Respirer suffit à nous rendre toujours heureux, à jouir de la vie. Être en vie suffit à notre bonheur. Sentez le plaisir qu'il y a à être en vie, le plaisir de ressentir l'amour...

Prière pour la conscience

Aujourd'hui, ô Créateur de l'Univers, nous te demandons d'ouvrir notre cœur et nos yeux, afin que nous puissions apprécier toutes tes créations et vivre avec toi dans l'amour éternel. Aide-nous à te voir dans tout ce que nous percevons par nos yeux, par nos oreilles, avec notre cœur et tous nos sens. Puissions-nous percevoir avec des yeux d'amour, afin de te trouver où que nous allions et de te voir dans tout ce que tu crées. Puissions-nous te voir dans chaque cellule de notre corps, dans chaque émotion de notre esprit, dans chaque rêve, chaque fleur, chaque personne que nous rencontrons. Tu ne peux te cacher de nous, car tu es partout, et nous faisons un avec toi. Puissions-nous être conscients de cette vérité.

Soyons conscients de la puissance qui nous permet de créer un rêve de paradis dans lequel tout est possible. Aide-nous à utiliser notre imagination pour guider le rêve de notre vie, la magie de notre création, de façon à vivre sans peur, sans colère, sans jalousie, sans envie. Donne-nous une lumière à suivre et qu'aujourd'hui soit le jour où s'achève notre quête d'amour et de bonheur. Qu'aujourd'hui se produise quelque chose d'extraordinaire qui change notre vie à jamais : que tous nos actes et nos paroles soient une expression de la beauté de notre cœur, toujours fondés sur l'amour.

Aide-nous à être comme toi, à aimer comme tu aimes, à partager comme tu partages, à créer un chef-d'œuvre de beauté et d'amour, de même que toutes tes créations sont des chefs-d'œuvre de beauté et d'amour. À partir d'aujourd'hui et de façon croissante, jour après jour, aide-nous à augmenter la puissance de notre amour, afin que nous créions un chef-d'œuvre : notre propre vie. Aujourd'hui, ô Créateur, nous t'exprimons toute notre gratitude et notre amour, car tu nous as donné la Vie. Amen.

Prière pour l'amour de soi

Aujourd'hui, ô Créateur de l'Univers, nous te demandons de nous aider à nous accepter tels que nous sommes, sans nous juger. Aide-nous à accepter notre esprit tel qu'il est, avec toutes nos émotions, tous nos espoirs et nos rêves, notre personnalité, notre façon d'être unique. Aide-nous à accepter notre corps tel qu'il est, dans toute sa beauté et sa perfection. Que l'amour que nous avons envers nous-mêmes soit si fort que jamais plus, nous ne nous rejetions, ni ne sabotions notre bonheur, notre liberté et notre amour.

Désormais, que chacune de nos actions, de nos réactions, de nos pensées et de nos émotions soit fondée sur l'amour. Aide-nous, Créateur, à accroître notre amour pour nous-mêmes, jusqu'à ce que tout le rêve de notre vie soit transformé et que la peur et les drames cèdent la place à l'amour et à la joie. Que la puissance de notre amour pour nous soit assez forte pour briser tous les mensonges qu'on nous ait programmés à croire, tous ceux qui nous font croire que nous ne sommes pas à la hauteur, pas assez forts, pas assez intelligents et que nous ne nous en sortirons pas. Que la puissance de notre amour pour nous soit si forte que nous n'ayons plus besoin de vivre notre vie en accord avec l'opinion d'autrui. Ayons une confiance totale en notre capacité à effectuer les choix que nous devons faire. Parés de notre amour pour nous, nous n'avons plus peur de faire face à quelque responsabilité que ce soit dans notre vie, ni à quelque problème dont nous trouverons la solution quand il se présentera. Quoi que nous voulions accomplir, puissions-nous le faire avec la puissance de notre amour pour nous-mêmes.

À partir d'aujourd'hui, aide-nous à nous aimer tellement nous-mêmes que nous ne fassions plus jamais rien contre nous. Nous pouvons vivre notre vie en étant nous-mêmes et non en prétendant être quelqu'un d'autre, dans le but de plaire à autrui. Nous n'avons plus besoin que les autres nous disent du bien de nous, car nous savons qui nous sommes. Grâce à notre amour pour nous, prenons désormais plaisir à l'image que nous renvoie le miroir de nous-mêmes. Qu'un sourire illumine notre visage et qu'il accroisse notre beauté intérieure et extérieure. Aide-nous à ressentir un tel amour pour nous que notre propre présence nous soit toujours un plaisir.

Aide-nous à nous aimer sans jugement, car lorsque nous nous jugeons, il en résulte des reproches et de la culpabilité, puis le besoin de se punir, de sorte que nous perdons de vue ton amour. Fortifie notre volonté de nous pardonner en cet instant. Nettoie notre esprit de tout poison émotionnel et de tout jugement, afin que nous vivions dans la paix et l'amour.

Que notre amour pour nous-mêmes soit la force qui changera le rêve de notre vie. Armés de ce nouveau pouvoir dans nos cœurs, le pouvoir de l'amour de soi, que nous transformions chacune de nos relations, à commencer par celle que nous avons avec nous-mêmes. Aide-nous à nous libérer de tout conflit avec autrui. Que nous soyons heureux de passer du temps avec ceux qui nous sont chers et que nous leur pardonnions toute injustice encore ressentie en nous. Aide-nous à nous aimer tellement que nous puissions pardonner quiconque nous a blessés dans notre existence.

Donne-nous le courage d'aimer notre famille et nos amis sans conditions et de modifier nos relations de la façon la plus positive et la plus empreinte d'amour. Aide-nous à créer de nouveaux canaux de communication dans nos relations, de manière à ce qu'il n'y ait plus de guerre de pouvoir, ni de perdant ou de gagnant. Puissions-nous travailler ensemble comme une équipe, pour l'amour, pour la joie et pour l'harmonie.

Que nos relations avec notre famille et nos amis soient fondées sur le respect et la joie, afin que nous ne ressentions plus le besoin de leur dire comment penser ou se comporter. Que nos relations romantiques soient les plus merveilleuses ; que la joie nous envahisse chaque fois que nous partageons notre amour avec notre partenaire. Aide-nous à accepter les autres tels qu'ils sont, sans jugement, car lorsque nous les rejetons, nous nous rejetons nous-mêmes. Et quand nous nous rejetons, nous te rejetons.

Aujourd'hui, nous prenons un nouveau départ. Aide-nous à recommencer notre vie en ce jour avec la puissance de l'amour de soi. Aide-nous à apprécier notre vie, à apprécier nos relations, à explorer la vie, à prendre des risques, à être vivants, et à ne plus vivre dans la crainte de l'amour. Ouvrons nos cœurs à l'amour, qui est notre droit de naissance. Aide-nous à devenir des Maîtres de la Gratitude, de la Générosité et de l'Amour, afin que nous puissions jouir de toutes tes créations à tout jamais. Amen.

Don Miguel Ruiz est un maître de la tradition de l'école des mystères toltèques. Il partage son éventail unique de connaissances au cours d'ateliers, de conférences et de voyages guidés à Teotihuacan, au Mexique. Dans cette ancienne cité de pyramides, connue des Toltèques comme le lieu où « *l'Homme devient Dieu* », Don Miguel utilise le processus mis au point par les anciens pour guider ceux qui cherchent à travers l'élévation de leurs niveaux de conscience.

Pour plus d'information, contacter :
SIXTH SUN FOUNDATION
www.sixthsunfoundation.org
info@sixthsunfoundation.org

ou en langue française :
LE CERCLE DE VIE
P.O. Box 22422
Santa Fé
Nouveau Mexique 87502-2422
États-Unis

Note de l'éditeur :
Les activités de formation et d'information des associations proposées dans le présent ouvrage relèvent de la seule responsabilité des organisateurs. Pour tout renseignement sur les coûts et autres modalités d'adhésions, veuillez vous adresser directement aux associations

LE CERCLE DE VIE : une collection pour nous permettre d'aller au centre de nous-mêmes

Depuis 1988 je navigue entre la France et les États-Unis. Littéralement, puisque je suis arrivée comme les compagnons de Christophe Colomb sur une frêle coque de dix mètres de long, à la recherche d'un nouveau continent. Si eux cherchaient l'Eldorado des cités de métal précieux, moi, je voulais trouver comme les premiers immigrants anglo-saxons, un espace de liberté pour la création d'un monde nouveau.

Cette Amérique contient à la fois le très ancien et le très nouveau. Dépositaire des reliques d'une ancienne tradition, les Amérindiens en ont gardé l'essence. Cette tradition chamanique est à l'origine de toutes les cultures de la planète, puisqu'on la retrouve en Asie avec les chamans Sibériens et Tibétains, dans les tribus africaines, chez les aborigènes australiens, dans les îles du Pacifique avec les Kahunas, dans le nord de la Laponie, et sur les murs des grottes préhistoriques du sud de la France.

Nous avons oublié nos origines et nous y revenons à petits pas, en utilisant le marchepied des autres cultures de la planète qui ont gardé cette tradition vivante. D'où l'appel grandissant vers ces cultures traditionnelles comme la culture amérindienne, qui a bien évidemment fait résonner en moi mes propres souvenirs. Nous connaissons les méfaits exercés par la société patriarcale dominante sur ces cultures, et ce n'est pas un hasard si le désir de retrouver l'harmonie vient des descendants de ceux qui précisément ont voulu éradiquer ces traditions encore vivantes. Paradoxe typique de l'Amérique, qui, comme on dit, recèle le meilleur et le pire. Violence et excès, drogues et alimentation dénaturée, politique de domination côtoient des prises de conscience fondamentales concernant l'écologie, le rôle des femmes, le désir de paix et d'harmonie, l'ouverture la plus totale à toutes les formes de spiritualité.

Le monde étant ce que l'on décide de percevoir, j'ai choisi de m'ouvrir à tout ce que je pouvais apprendre, tant des anciennes traditions que des nouvelles approches de la psychologie, de la guérison, de ce que l'on appelle le nouveau paradigme.

La vision initiale qui a conduit les pas de mes dix dernières années était de rapporter à ma tribu d'origine ce que j'avais appris sur ce sol. Je l'ai fait en venant moi-même en France faire stages, séminaires et formations diverses.

Offrir, à travers une collection de livres porteurs de cette nouvelle ou très ancienne conscience – il est surprenant de voir à quel point les deux se rejoignent – me semble donner de nouveaux moyens à ma mission de vie : faire le pont entre deux cultures et partager des éléments de connaissance qui ont contribué à me faire avancer sur le chemin de la conscience et de l'amour.

Mon nom chamanique, Rainbow Shield Woman, la Femme au bouclier arc-en-ciel, a souvent évoqué pour moi le pont que je suis pour permettre à la lumière de véhiculer les diverses formes que prennent les idées. Les livres sont les porteurs de ces idées. Mon intention étant devenue claire, j'eus la chance de retrouver aux Éditions Jouvence Olivier Clerc avec qui j'avais collaboré lors d'articles antérieurs. Lui aussi résonne avec le monde américain. Il m'a permis donc de manifester un de mes rêves de partage en créant la collection du Cercle de Vie qui sortira des ouvrages couvrant des sujets divers, en général assez pratiques et concrets, directement applicables et destinés au grand public auquel je me réfère et dans lequel je m'inclus. La situation actuelle du monde a besoin de la conscience éclairée de chacun, et cette collection a pour objet de la nourrir et d'aider à nous sentir reliés à la Terre, principe nourricier, au Soleil, principe générateur de Lumière, et à chaque monde visible et invisible.

Maud Séjournant,
directrice de la collection Le Cercle de Vie

Achevé d'imprimer avril 2018
sur les presses de l'imprimerie Nørhaven

Dépôt légal : en février 2017
Imprimé au Danemark

Ce livre est imprimé par Nørhaven A/S, qui possède une certification
environnementale qui assure une stricte application des règles concernant
l'utilisation de papiers issus de forêts exploitées en gestion durable, et
d'encres à base d'huiles végétales et d'eau, le recyclage et le traitement
systématique des déchets, la réduction des besoins énergétiques
et le recours aux énergies renouvelables.